笔墨训练教程

王巍 著

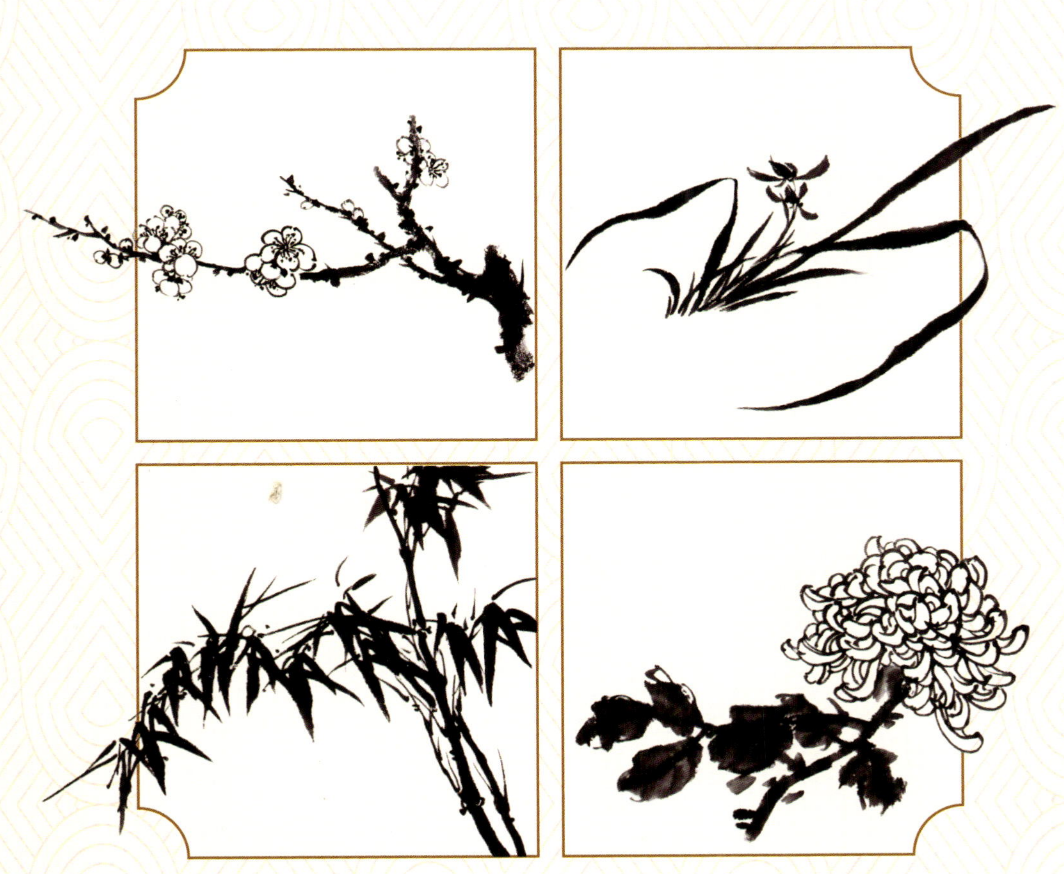

清华大学出版社

北京

内 容 简 介

中国传统绘画以画科分为人物、山水、花鸟，以技法分为工笔、写意、工兼写。中国画是水墨艺术，其组成要素不外乎造型、笔墨和画面构成。中国画是线的艺术，对线的要求非常讲究，运笔的方法极其丰富；墨分五色，即清、淡、重、浓、焦，是古人对墨色深浅变化的界定。在魏晋南北朝时期，花鸟画已独立成科；以工笔形态为主的花鸟画，至唐代已完全成熟；到五代两宋，花鸟画发展到历史顶峰。花鸟画水墨形态的出现，融合中国传统文人人格，为花鸟画的创新发展带来积极的推动作用。本书就中国画笔墨训练的特点和艺术规律作概括性叙述，以梅兰竹菊"四君子"水墨写意为例进行示范练习，把正统学院派中国画教学和实践训练的授课讲稿作为临摹范本，是专门针对中国画笔墨基础训练的图书资料。

本书可以作为各高等美术院校、职业院校绘画与艺术相关专业的范例教材，也可以供书画爱好者临摹学习使用。

本书封面贴有清华大学出版社防伪标签，无标签者不得销售。

版权所有，侵权必究。举报：010-62782989，beiqinquan@tup.tsinghua.edu.cn。

图书在版编目（CIP）数据

笔墨训练教程 / 王巍著 . — 北京：清华大学出版社，2023.6
ISBN 978-7-302-63189-7

Ⅰ. ① 笔…　Ⅱ. ① 王…　Ⅲ. ① 国画技法 – 教材　Ⅳ. ① J212

中国国家版本馆 CIP 数据核字（2023）第 052600 号

责任编辑：田在儒
封面设计：刘　键
责任校对：刘　静
责任印制：杨　艳

出版发行：清华大学出版社
　　　　　网　　址：http://www.tup.com.cn，http://www.wqbook.com
　　　　　地　　址：北京清华大学学研大厦A座　　　邮　　编：100084
　　　　　社 总 机：010-83470000　　　　　　　　邮　　购：010-62786544
　　　　　投稿与读者服务：010-62776969，c-service@tup.tsinghua.edu.cn
　　　　　质量反馈：010-62772015，zhiliang@tup.tsinghua.edu.cn
印 装 者：河北华商印刷有限公司
经　　销：全国新华书店
开　　本：370mm × 260mm　　　　　　　　印　　张：18.5
版　　次：2023年7月第1版　　　　　　　　印　　次：2023年7月第1次印刷
定　　价：128.00元

产品编号：071995-01

序

王　巍

中国传统绘画以画科分人物、山水、花鸟，以技法分工笔、写意。这里仅就中国画笔墨训练的特点和艺术规律作概括性叙述。

在传统中国画笔墨训练中，往往入笔先从花卉或山石树木开始。在宋元以前，花鸟画是以写实、写生为主，文人画出现以后，重写意轻写实，文人画的兴起和发展从南宋末年开始，作者大都是很有文化底蕴的士大夫阶层，既是作家、诗人，又是画家、书家。题跋、用印开始成为画面的有机组成部分，把诗歌、书法入画，即增添了画面意境又强调了书画同源的书写性。文人画重墨轻色、重情趣轻形似，是个性化的自我表达；借物抒情，是对现实物像进行更加深入的本质描绘。文人画是中国画的一大解放，给中国画带来勃勃生机，成为今后中国画的主流。中国画是以"写意"为特点的艺术观，讲究"天人合一"的哲学理念，遵循"阴阳相生相克"的自然规律，艺术家认识到创作就是把主观和客观相结合、相统一的过程。创造性画家非常重视观察生活、强调写生，从自然界中摄取对象，重视形象的视觉真实，不停留在物象的自然属性上。中国画中"写意""写性""写心"的目的都是为了"托物寄情"，不拘泥于"形似"，不"模拟"自然，是画家内心对自然丘壑内在神韵的主动把握和主观情怀的感情传达，是"似与不似"之间的物象反应，它既主观也客观；既抽象又具象，借助于笔墨立意为象。

本书主要侧重以花卉中梅兰竹菊为例进行练习。梅兰竹菊被古代文人称为"花中四君子"，对"四君子"有很高的评价，是古代文人士大夫托物言志的最好代表，也是中国绘画中经常见到的题材。"梅，剪雪裁冰，一身傲骨；兰，空谷幽香，孤芳自赏；竹，筛风弄月，潇洒一身；菊，凌霜自行，不趋炎势"，一一具有清高品德。

世界上任何种类的绘画都有其自己的表现方式和材料，中国画是线、墨的绘画，材料是毛笔、宣纸和水墨。如果说西方绘画是色彩和体感的辉映，那么中国画就是线与水墨的和谐交响。

中国画在执笔上建议指实掌虚，指与笔头的距离因人而异，舒服为宜。指、腕、肘、肩在画的过程中都会得到灵活的锻炼，自如掌控毛笔的运行轨迹，即运笔。运笔运用笔锋的多变来描绘自然对象。中国画对线的要求极其讲究，运笔的方法非常丰富，归纳起来不外乎顺与逆、藏与露、正与侧、转与折、快与慢、方与圆……为了描绘具体物象，就物象的特征用笔上具有许多相应的变化：长短、粗细、刚柔、曲直、光涩等。

中国画用笔、用墨的技巧方法非常丰富，用墨晚于用笔，墨分五色即"清、淡、重、浓、焦"，是古人对墨色深浅变化的界定。干与湿是水分的多少，浓与淡是墨量的多少，但墨色不是固定不变的，它在水的媒介作用下运用得当，会变化多样、丰富多彩，可见水在中国画绘画过程中的重要性，即"有笔有墨谓之画"。中国画墨法丰富，积墨、泼墨、破墨、水撞墨、墨撞水、宿墨……笔墨的丰富性要靠平日的积累才能运用自如、随心所欲。

中国画在笔墨训练中要做到"意在笔先、胸有成竹""落笔成形、一气呵成""大胆落笔、信手挥毫""高度提炼、概括取舍"。但也不要拘于成法，一成不变。

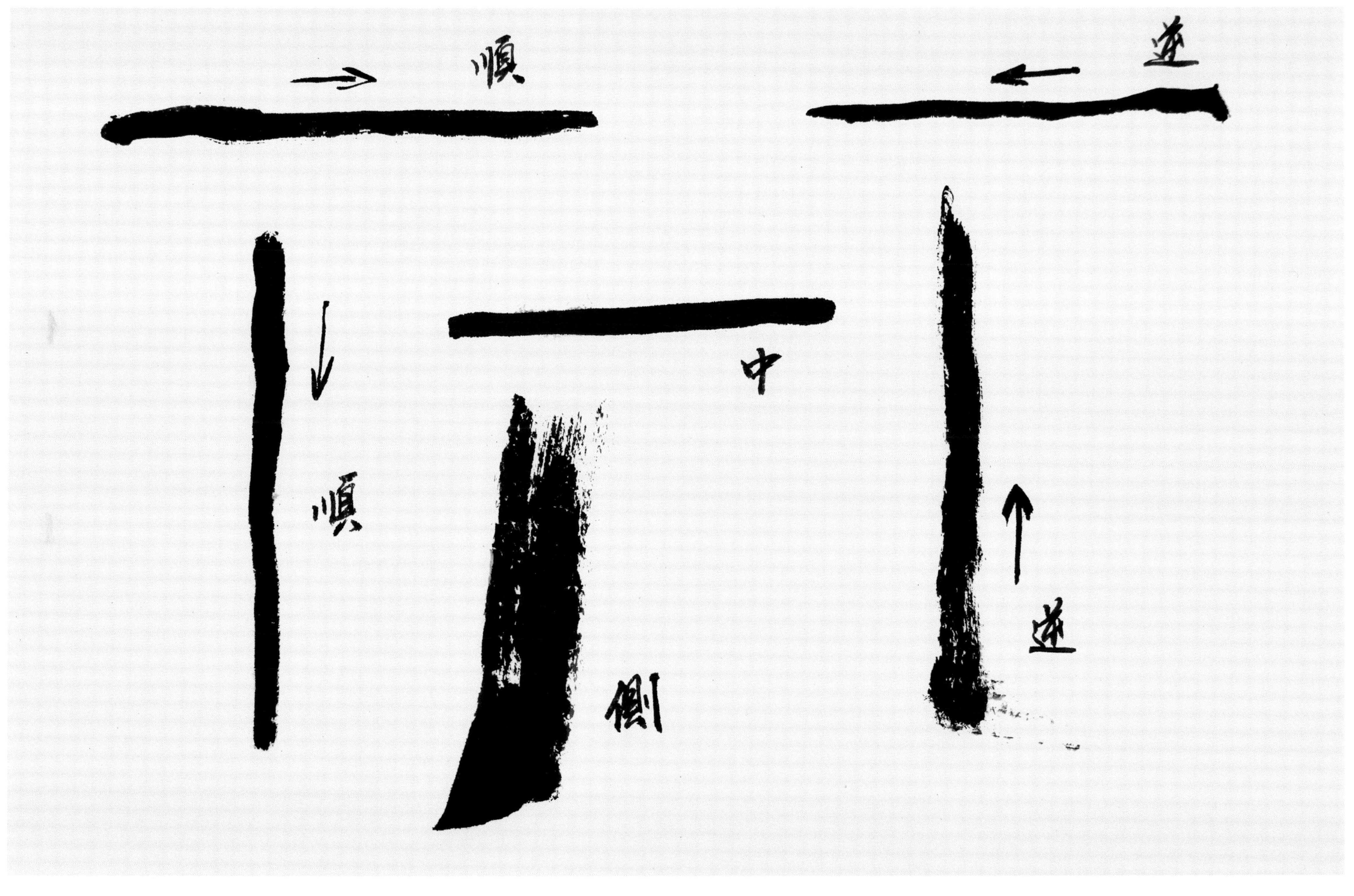

◆ 古人有云：书画同源，中国的书法和绘画都"出自一源"。书法中对线条有长短、粗细、提按转折的要求，而中国画讲究用笔用墨，笔墨是中国画技法的总称。

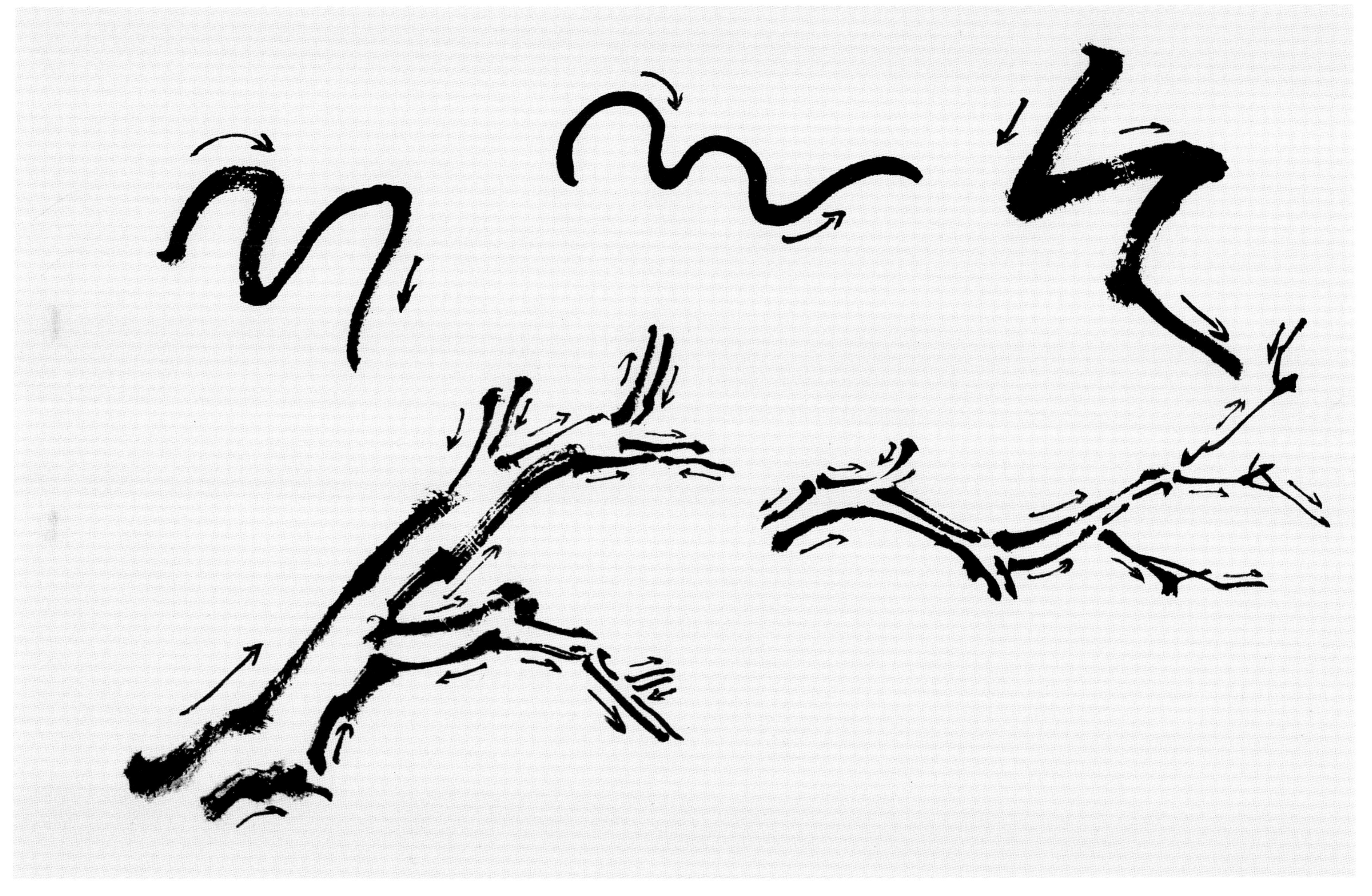

❖ 中国画用笔丰富，有方向、快慢的变化。用笔方法有中锋、侧峰、逆锋、顺锋、藏锋、露锋等。

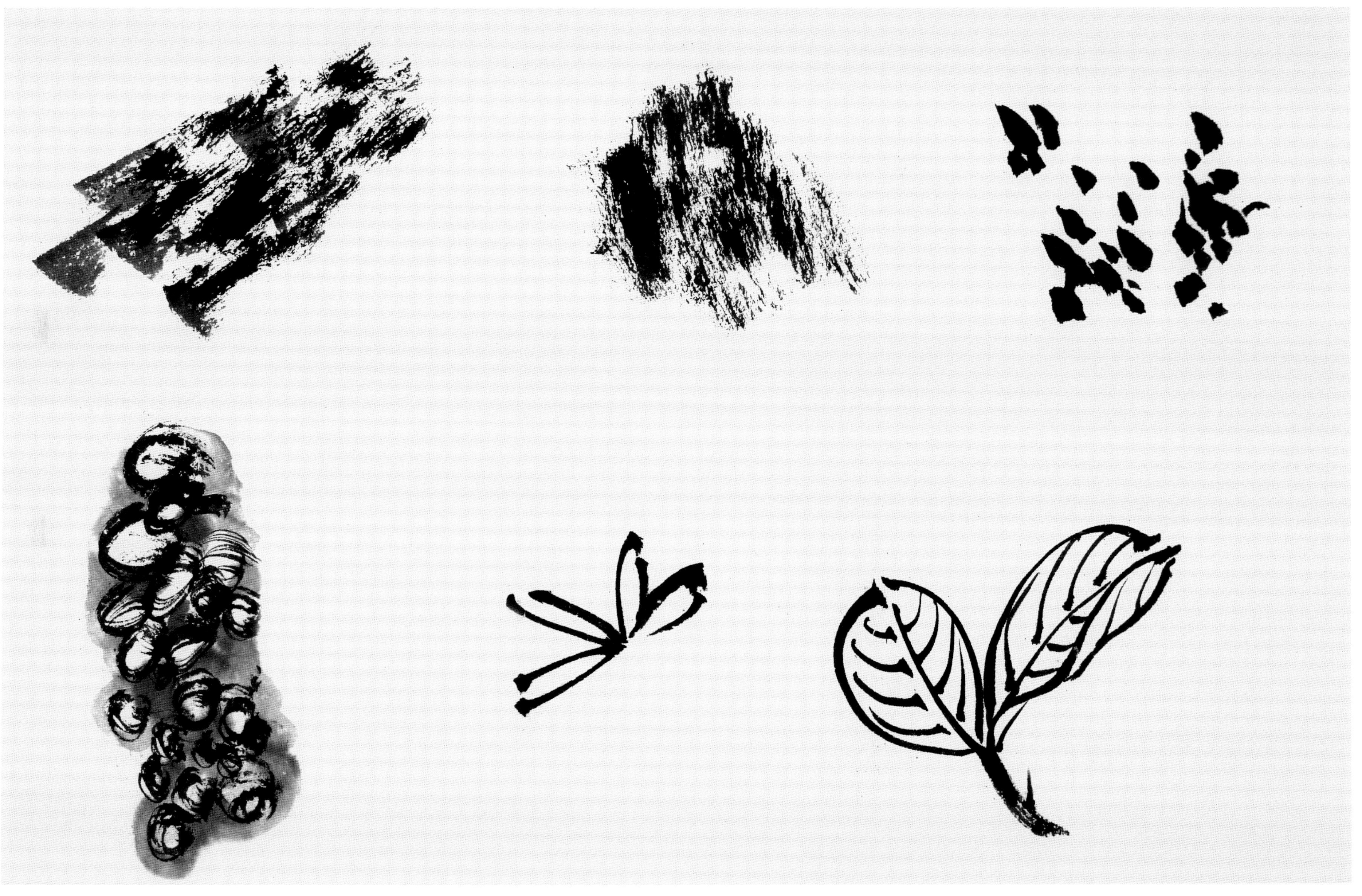

中国画的基本技法包括皴、擦、点、染、勾，忌抹、板、涂、刻、滑，宜圆、重、留、变，追求笔意平、清润，笔力雄健。

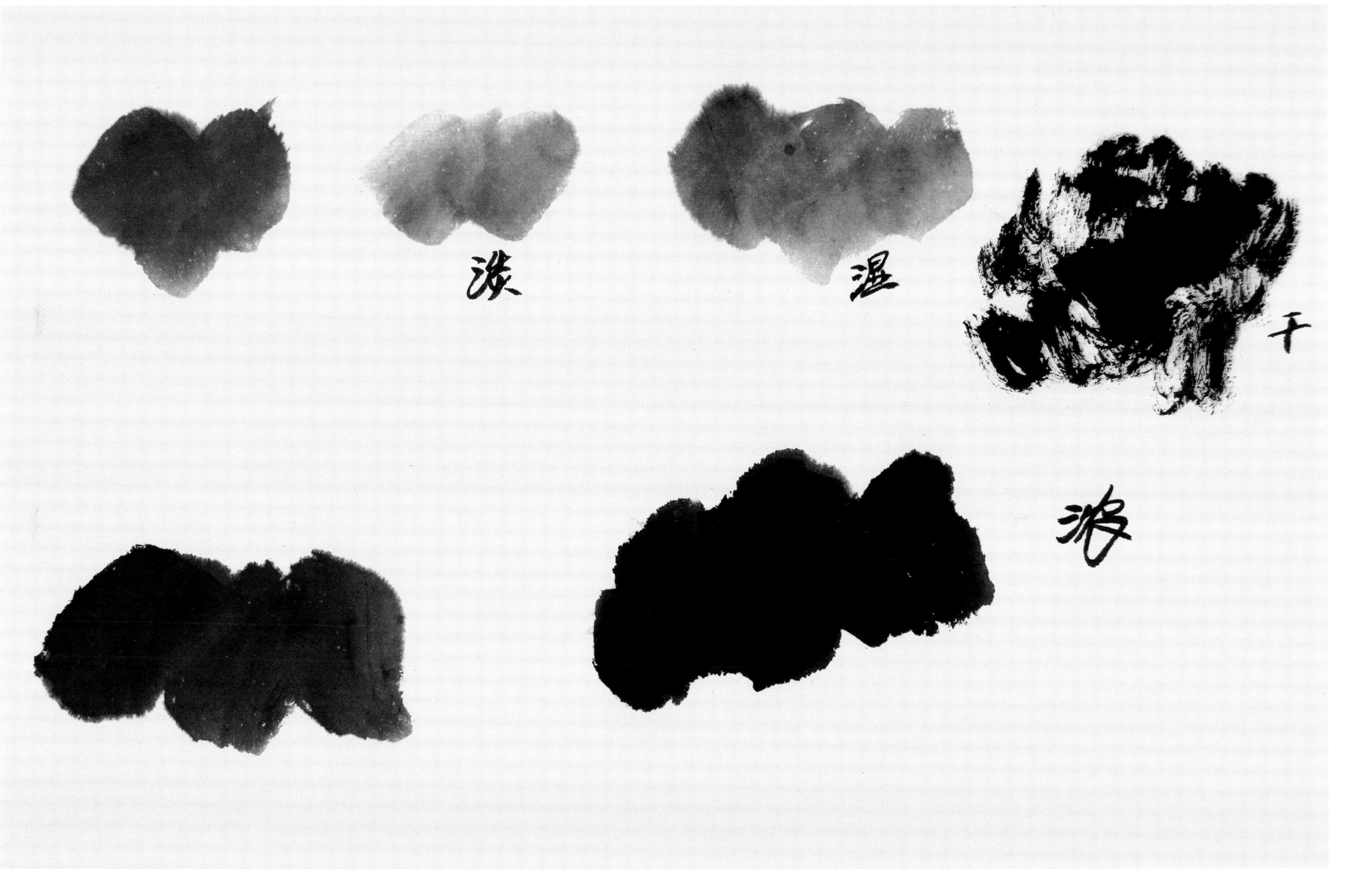

◈ 用墨是中国画造型的组成部分，有浓、淡、干、湿、焦的丰富变化，墨法有泼墨、破墨、浓墨、淡墨、积墨、焦墨、宿墨等。

◈ 破墨方法包括水破墨、墨破水、淡破浓、浓破淡等，水与墨两者的交融会产生自然渗化的墨色效果。

◈ "淡破浓、浓破淡"在中国画技法表现中用途最多、效果极强，用笔用墨的妙处在于二者的相互渗化与融合。各种墨法可以叠加运用，不拘于成法。

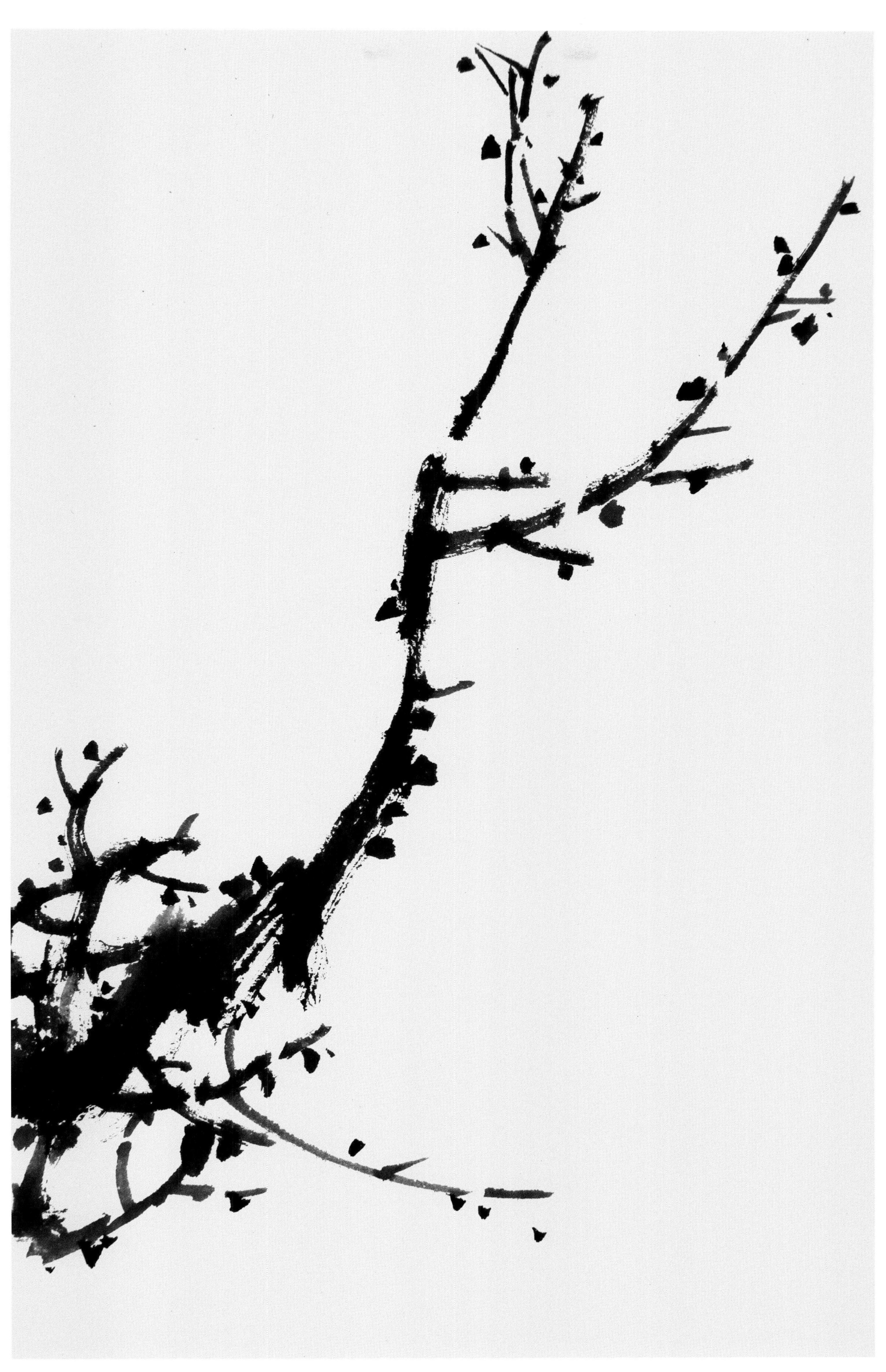

◈ 梅的寓意"剪雪裁冰"，画梅要了解梅的生长规律和结构特征，可以先从枝干画起，注意枝干的疏密聚散、交错穿插关系。

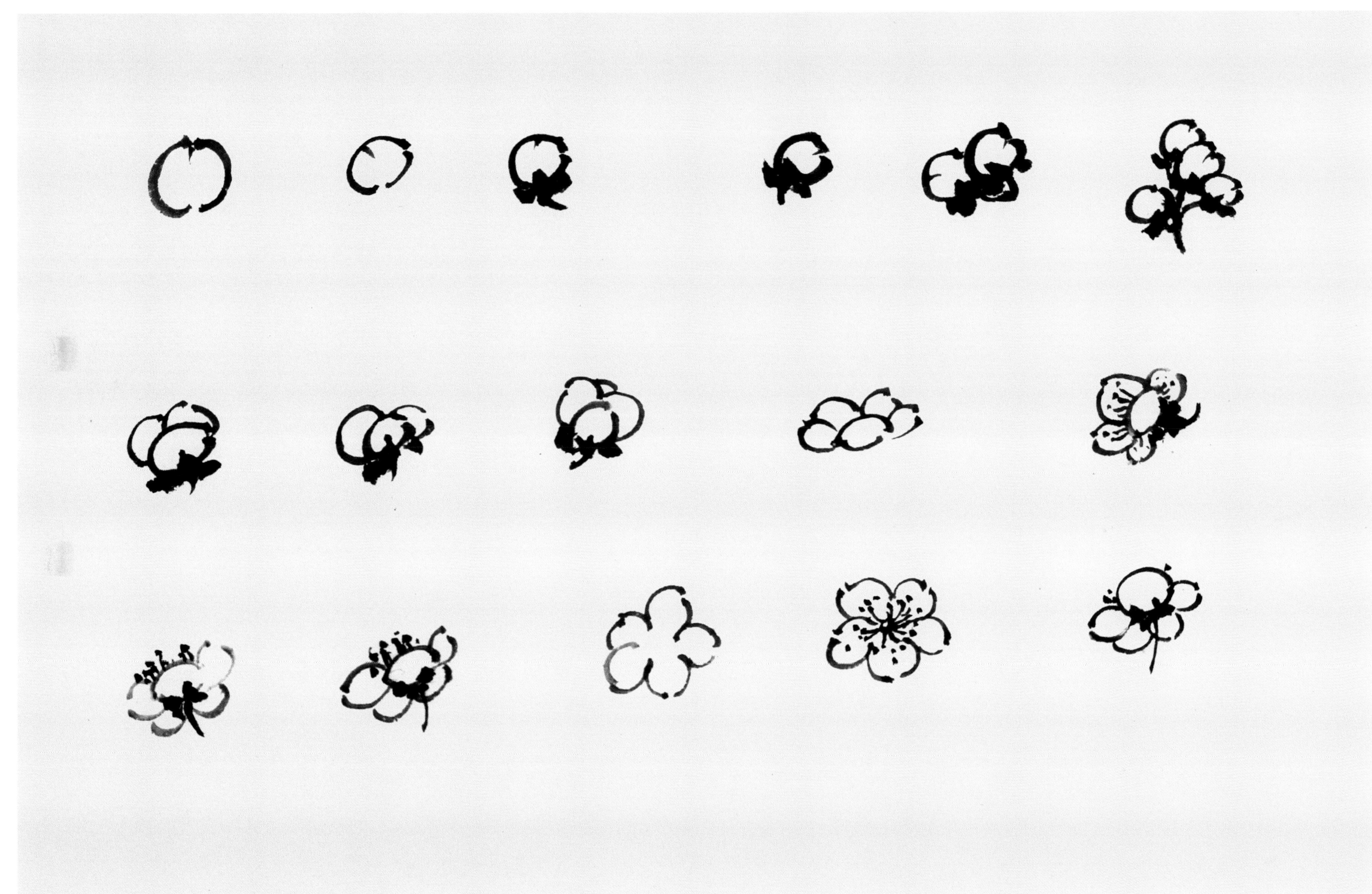

⊕　画梅花，要先了解梅花花朵的结构特征、方向和姿态。梅花花瓣呈圆形，由五瓣组成，花朵由花瓣、花蕊、花萼、花托组成。勾花要自然，切忌刻板；点花蕊要肯定、简练，勿拖泥带水；点花萼时，墨色要重。

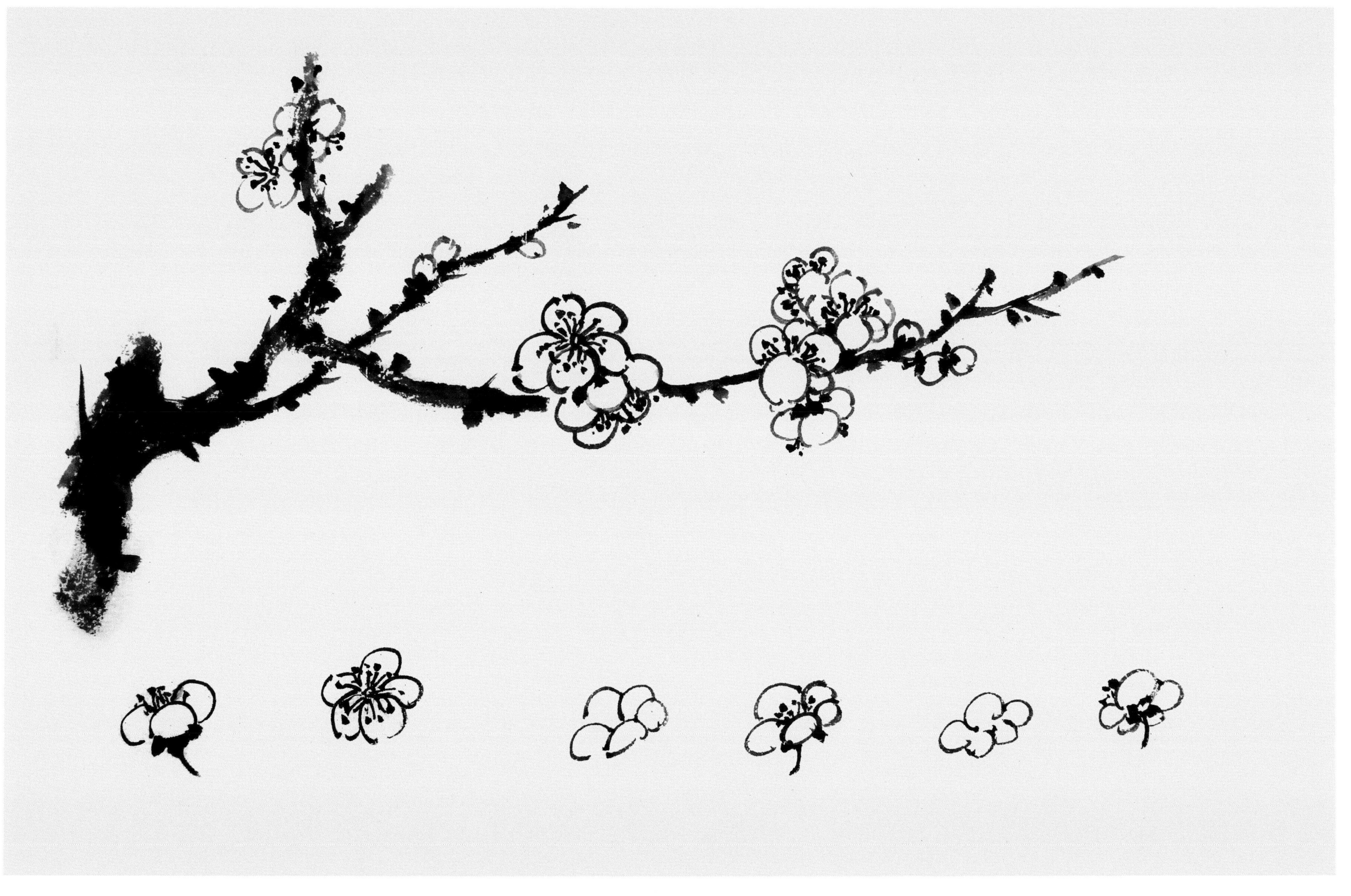

◈ 枝干上添加梅花要前、后、左、右有疏有密，形状特征要聚散多变，可勾可点，在一幅画面中还要统一绘画方法。

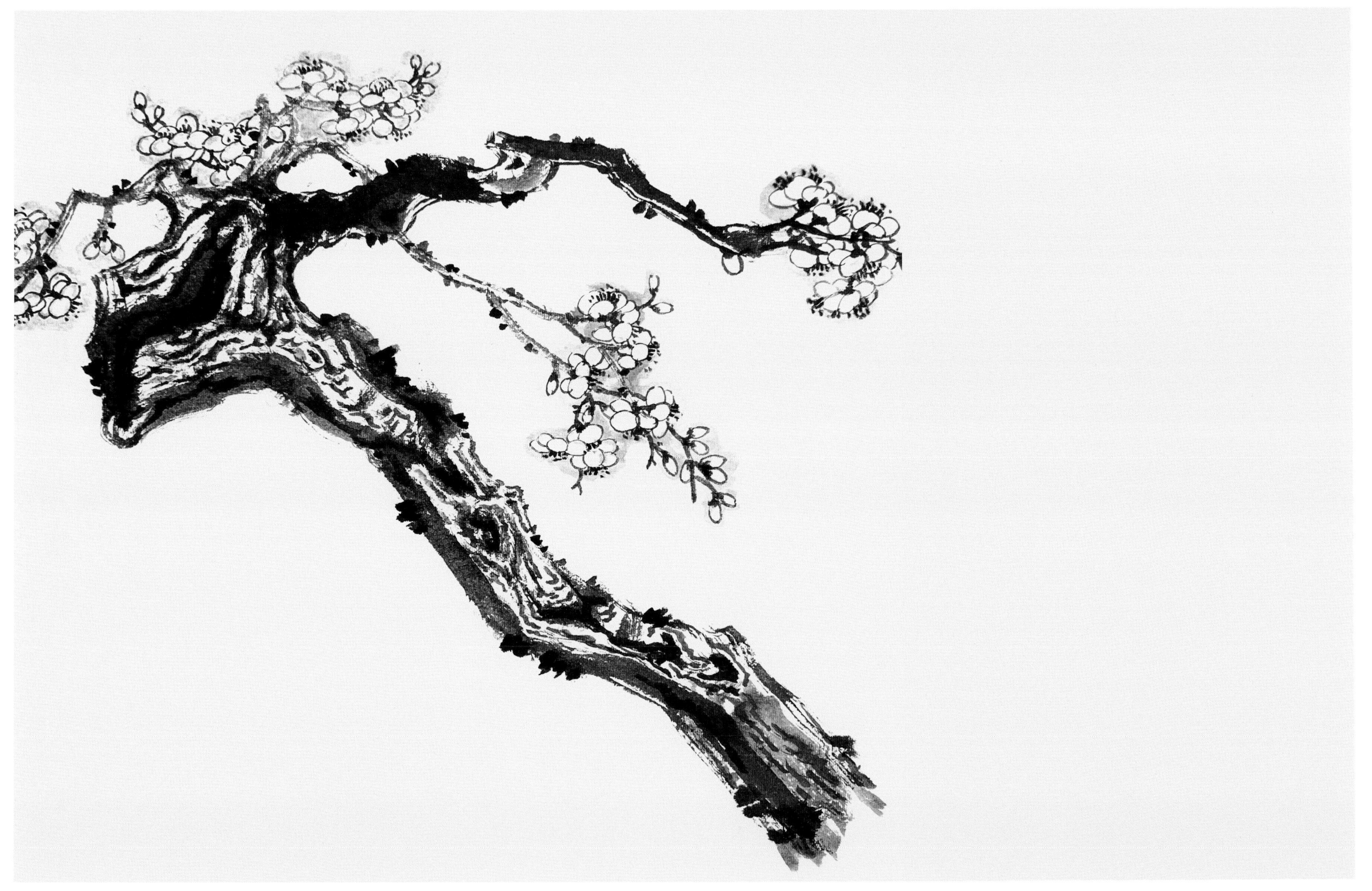

◈ 画梅时应注意节奏感和艺术感，掌握笔墨的浓淡干湿变化。

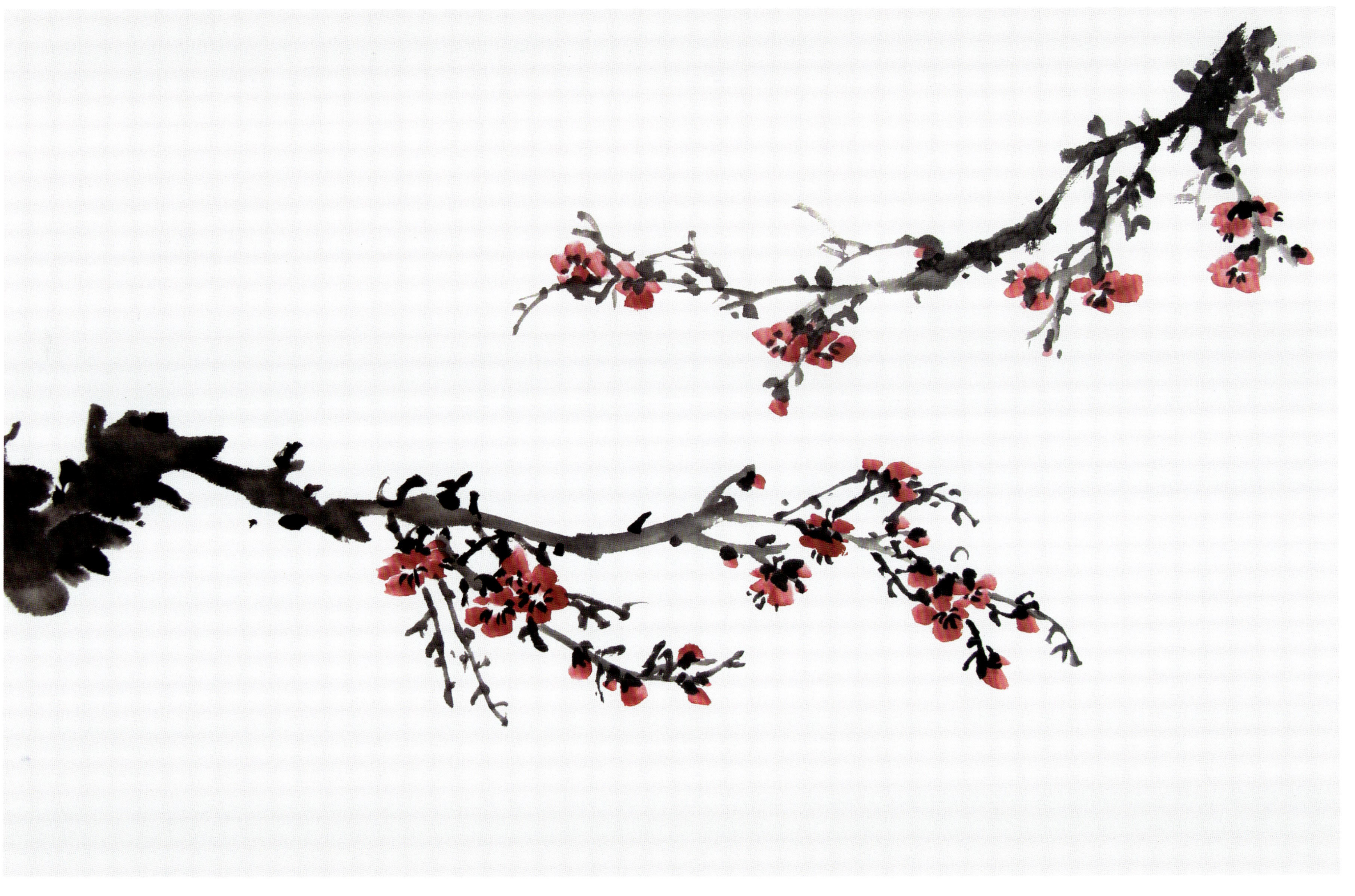

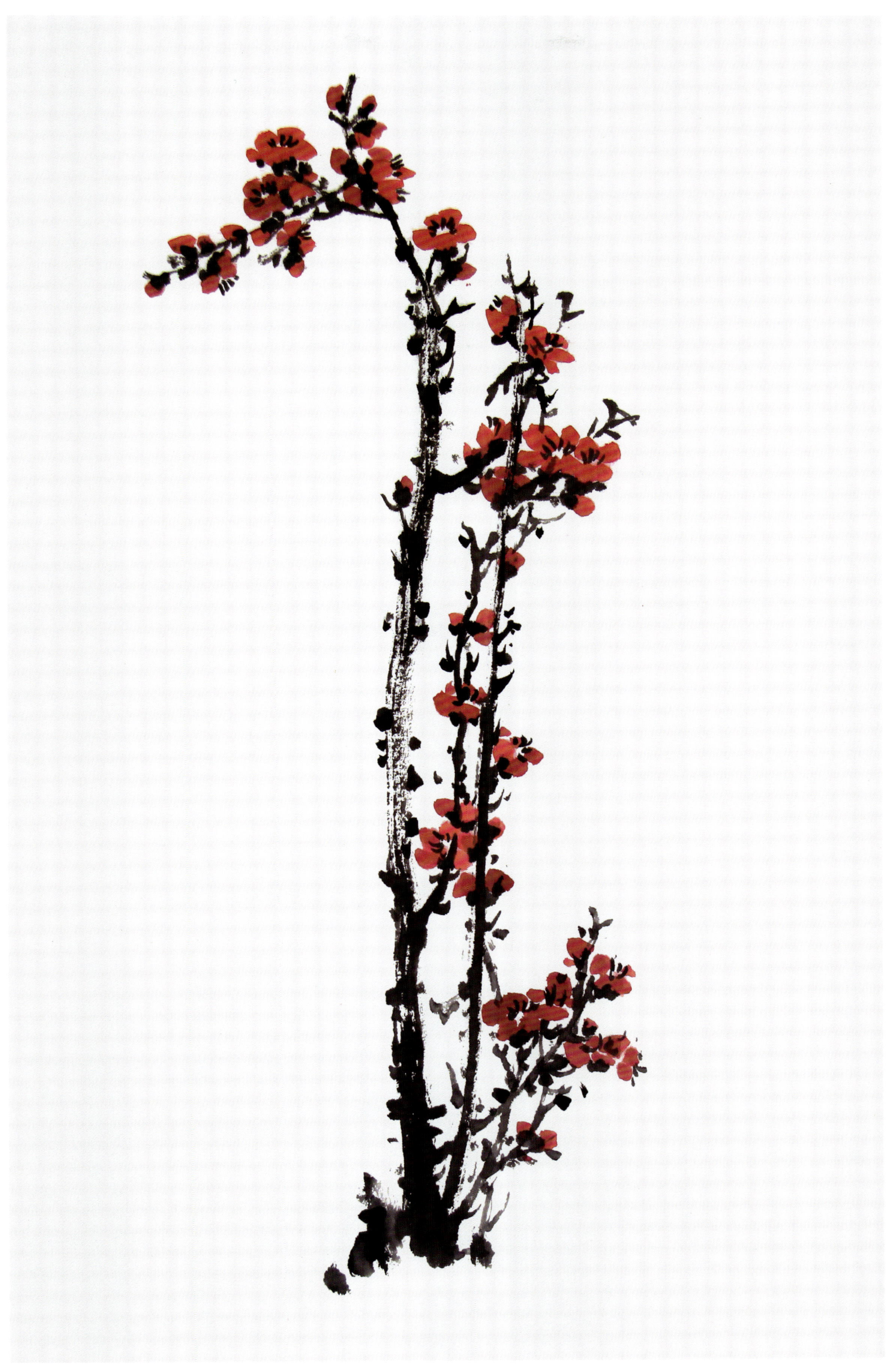

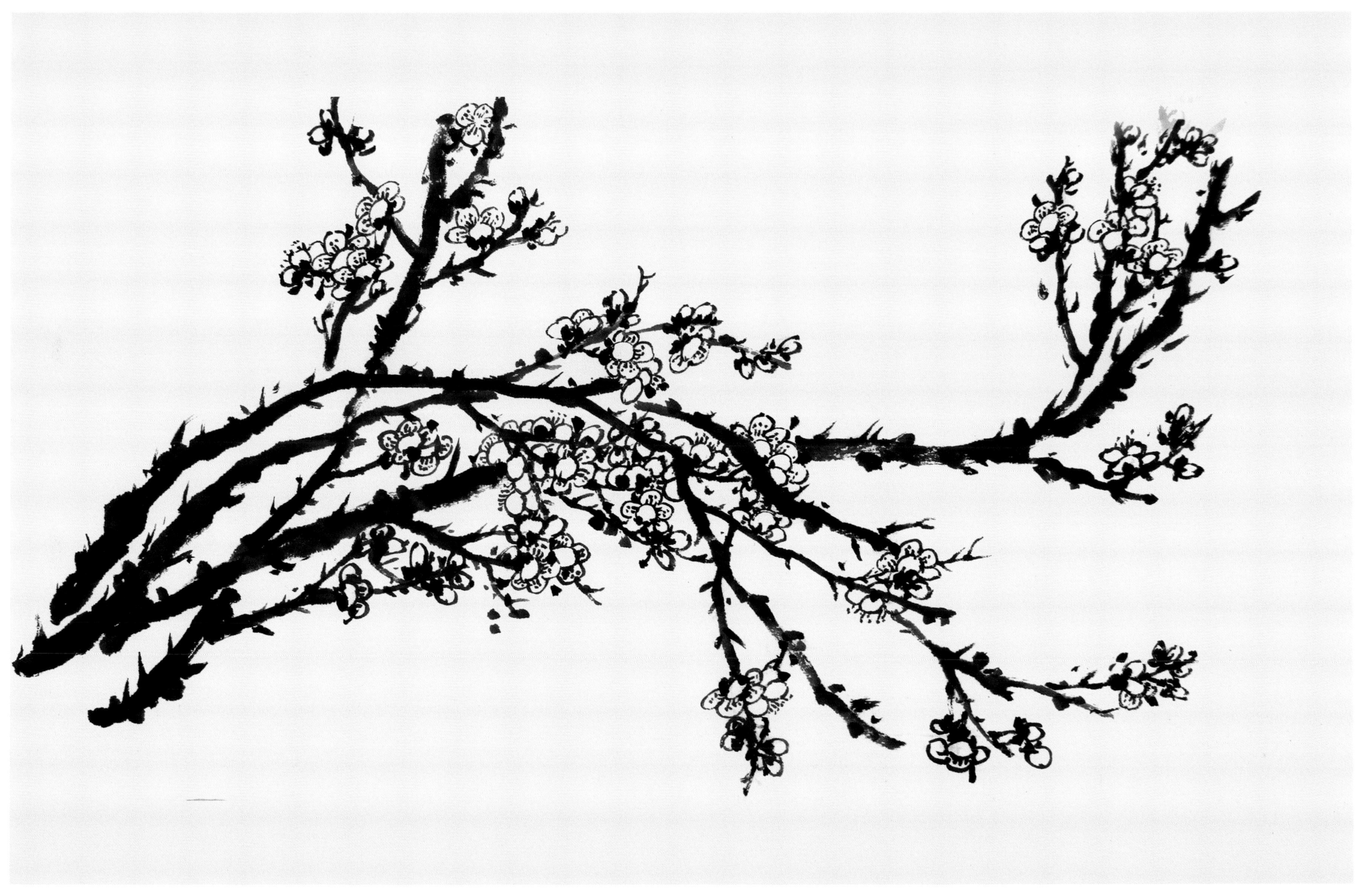

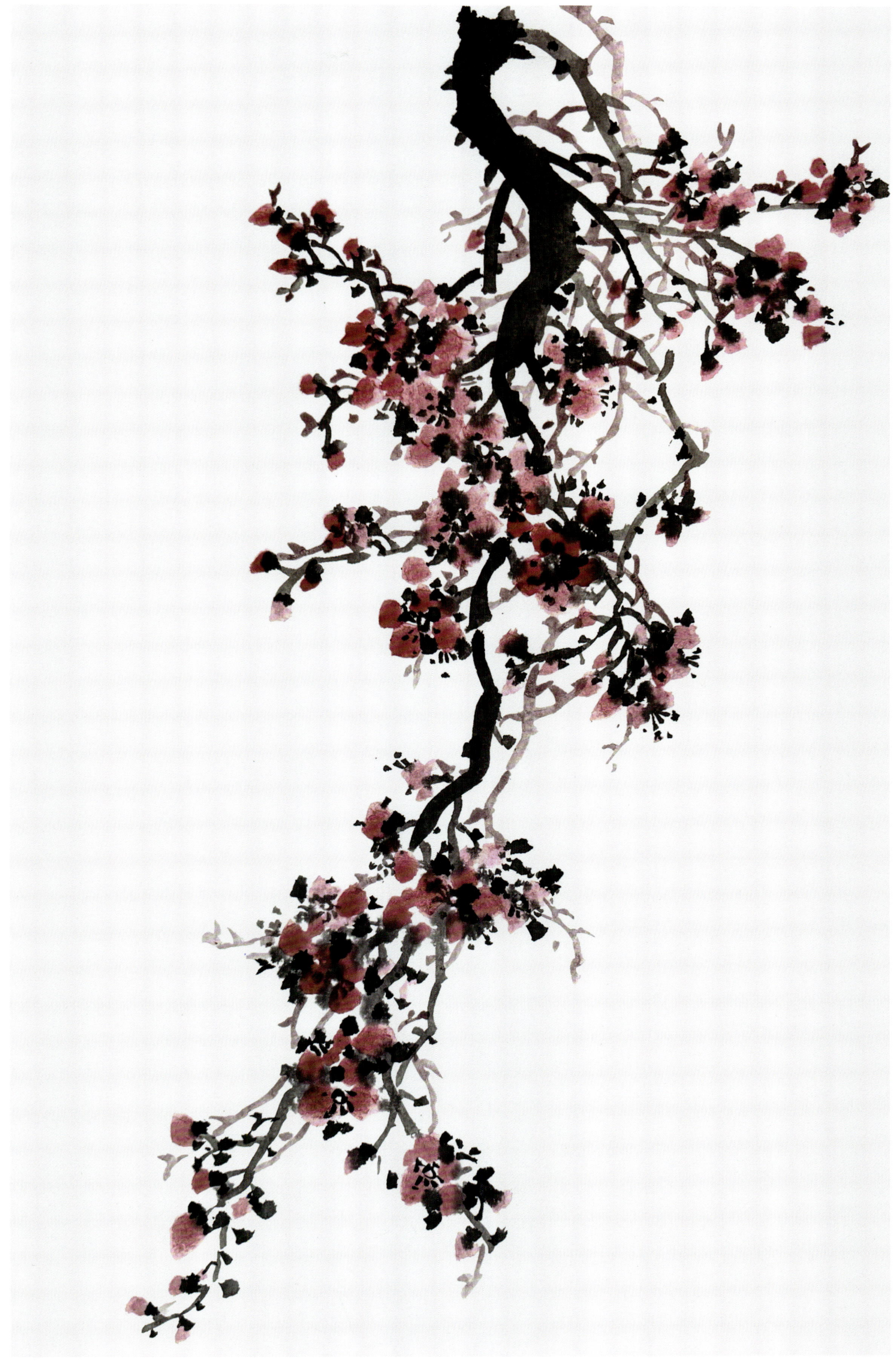

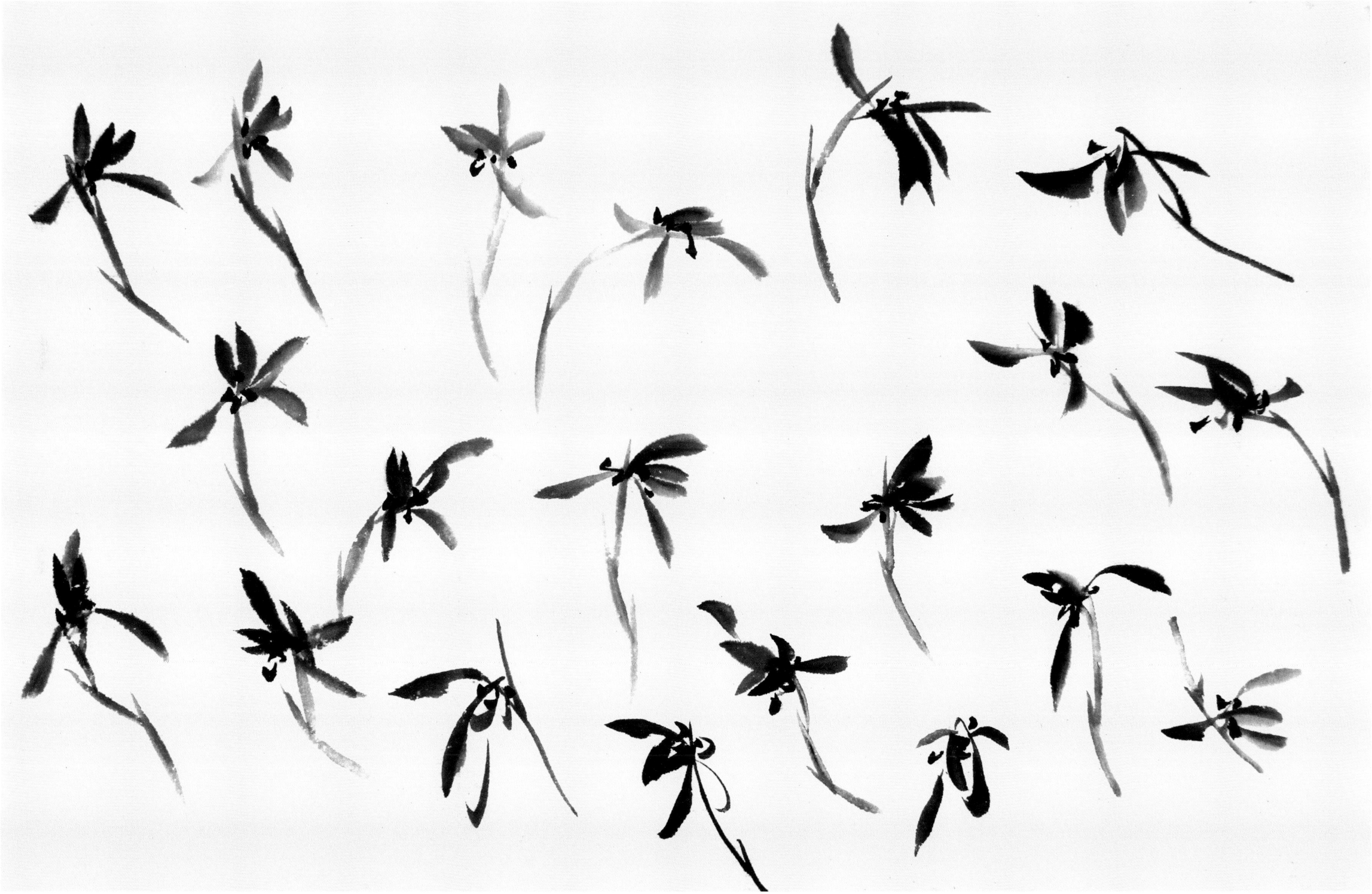

● 兰花也叫兰草，叶子为撇状，花朵由六个花瓣组成，分内、外两层。传统画法是把内三瓣概括成两瓣来画，共五瓣；中间的两瓣较短，朝向内侧抱芯；其余三瓣向外伸展。兰花有半开和全开的状态，画的时候注意造型和笔意，笔断意连。毛笔衔接要气，浓淡要有变化。

● 点兰花花心时用重墨，先点内侧两毛，再点外侧瓣，行笔起伏要大，要飘逸潇洒；用行书笔法，要活，自如，或正，或反，或仰，或侧，变化多样；三毛，四毛间应有呼应，忌死板。

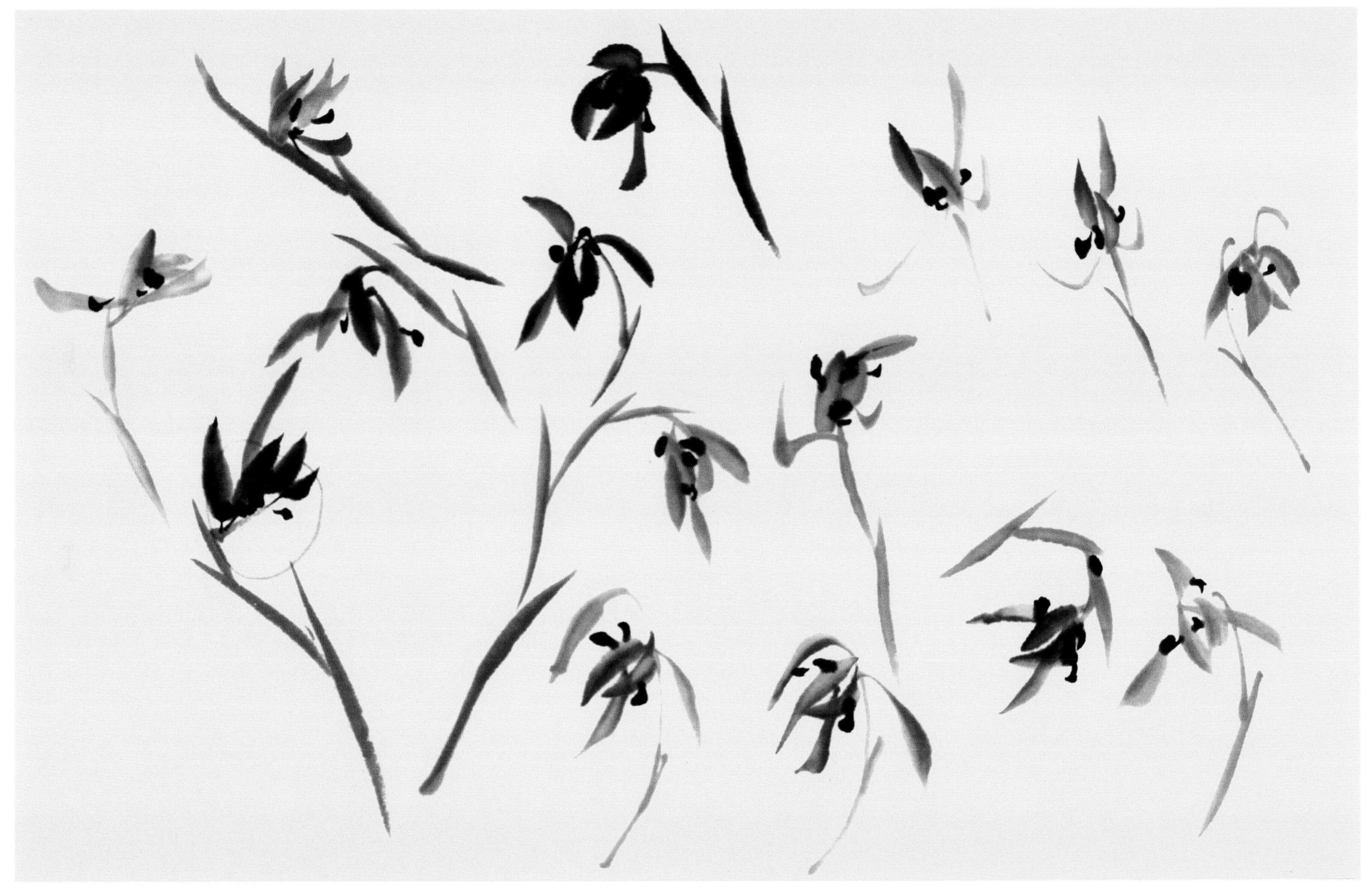

◈ 画兰花时不能拘泥于形似，要注意笔意；除用笔外，要注意花朵的动态及呼应，一柄多花，千姿百态。

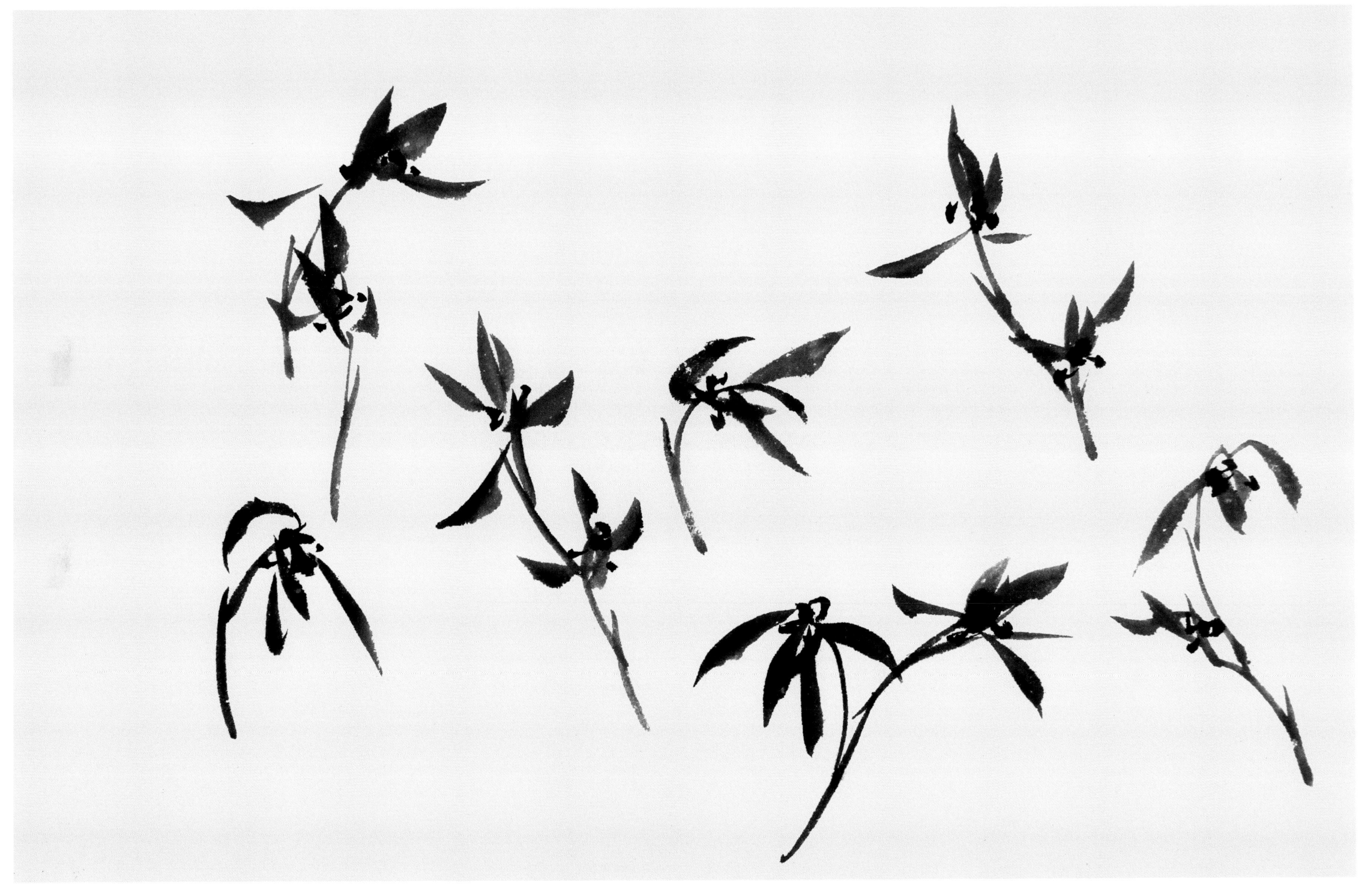

❖ 兰花从下往上开，尖瓣居多。一串未开放的兰花花朵，有藏、露、含、放、俯、仰等姿态，画时应疏密得当，用笔多变，不重形似，应重神态。

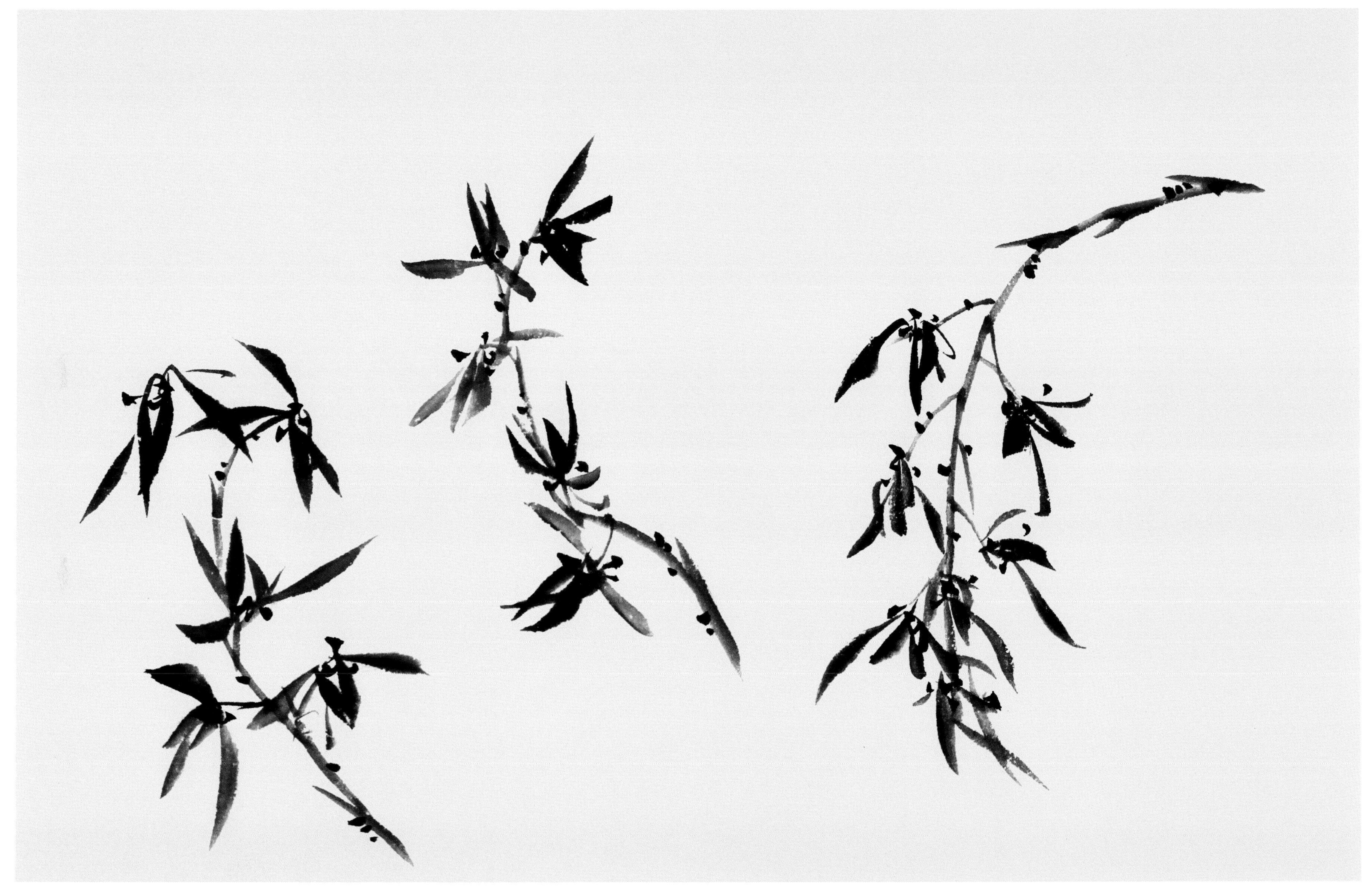

◆ 兰花的花瓣要重叠表现，使画面丰富多变。

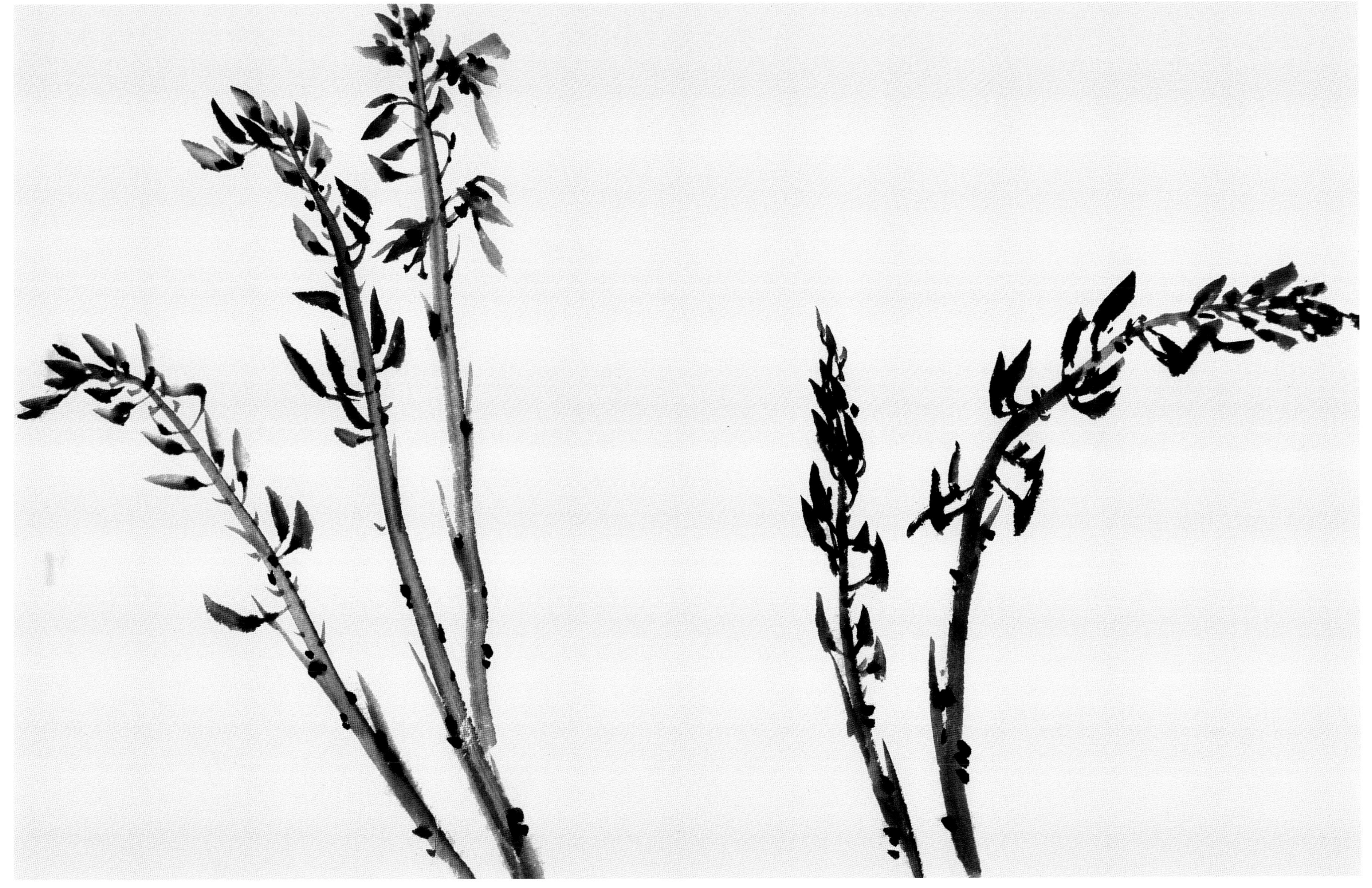

✦ 自然界的兰草多生长在幽谷中，天然高洁，婀娜芬芳。

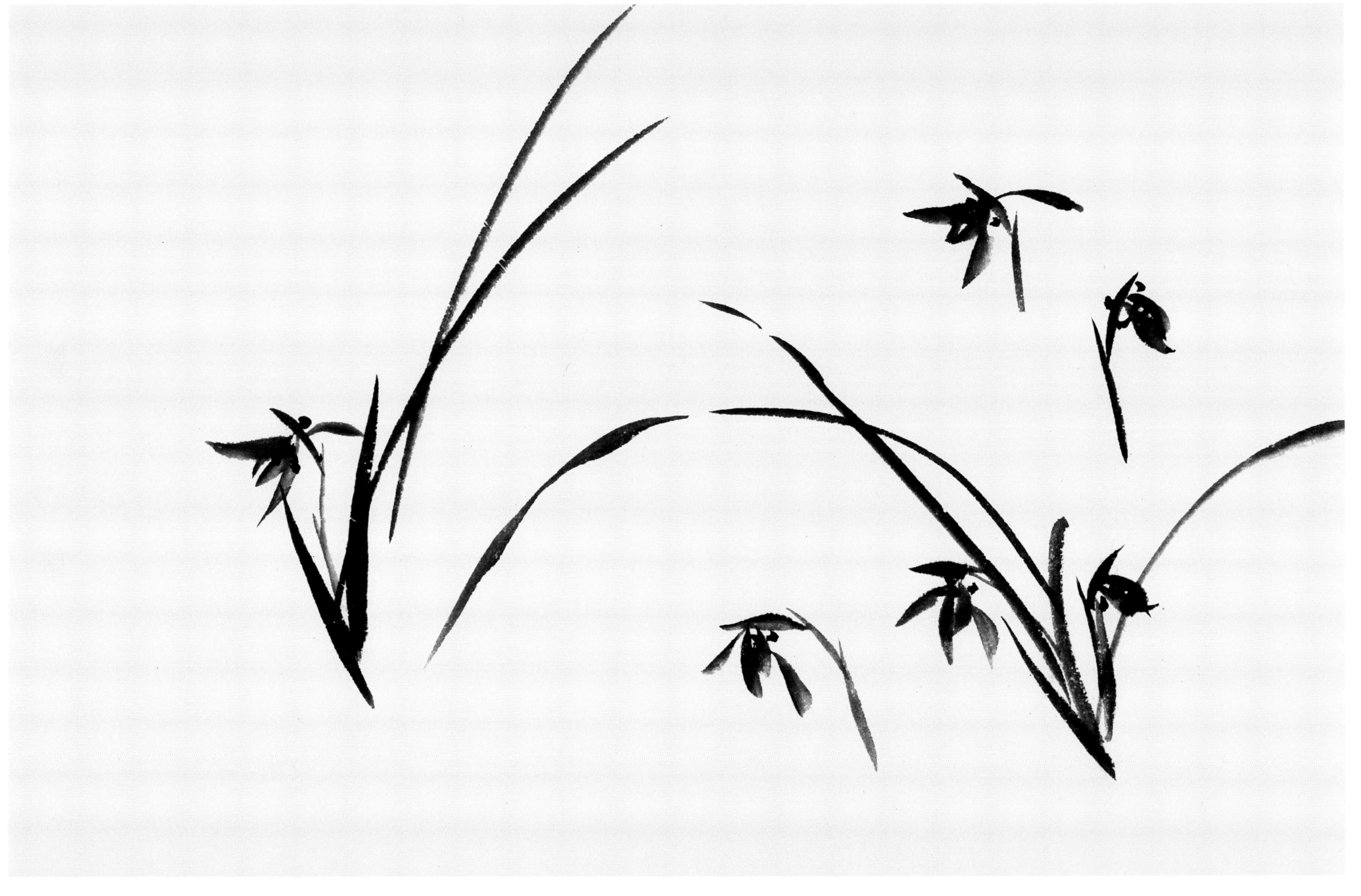

◈ 兰叶较难画，画叶称撇叶，意味着书法中的撇。每株兰叶在五笔至七笔之间，用笔要遒劲有力，笔意上更需灵活多变化，画时应结合书法用笔。

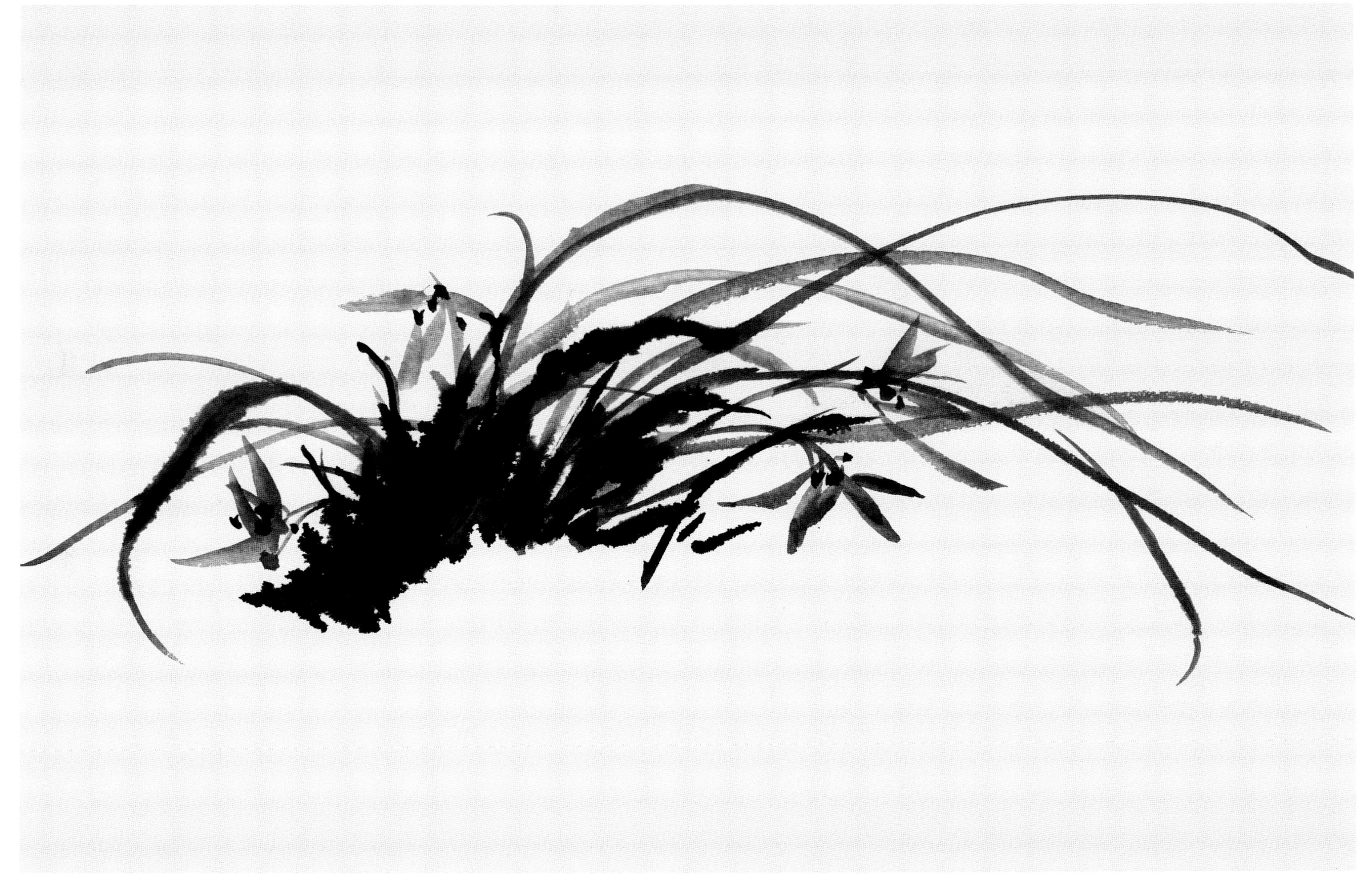

✿ 画兰叶时要刚中带柔，柔中带刚，不能仅体现形似，要处处表现出笔意。

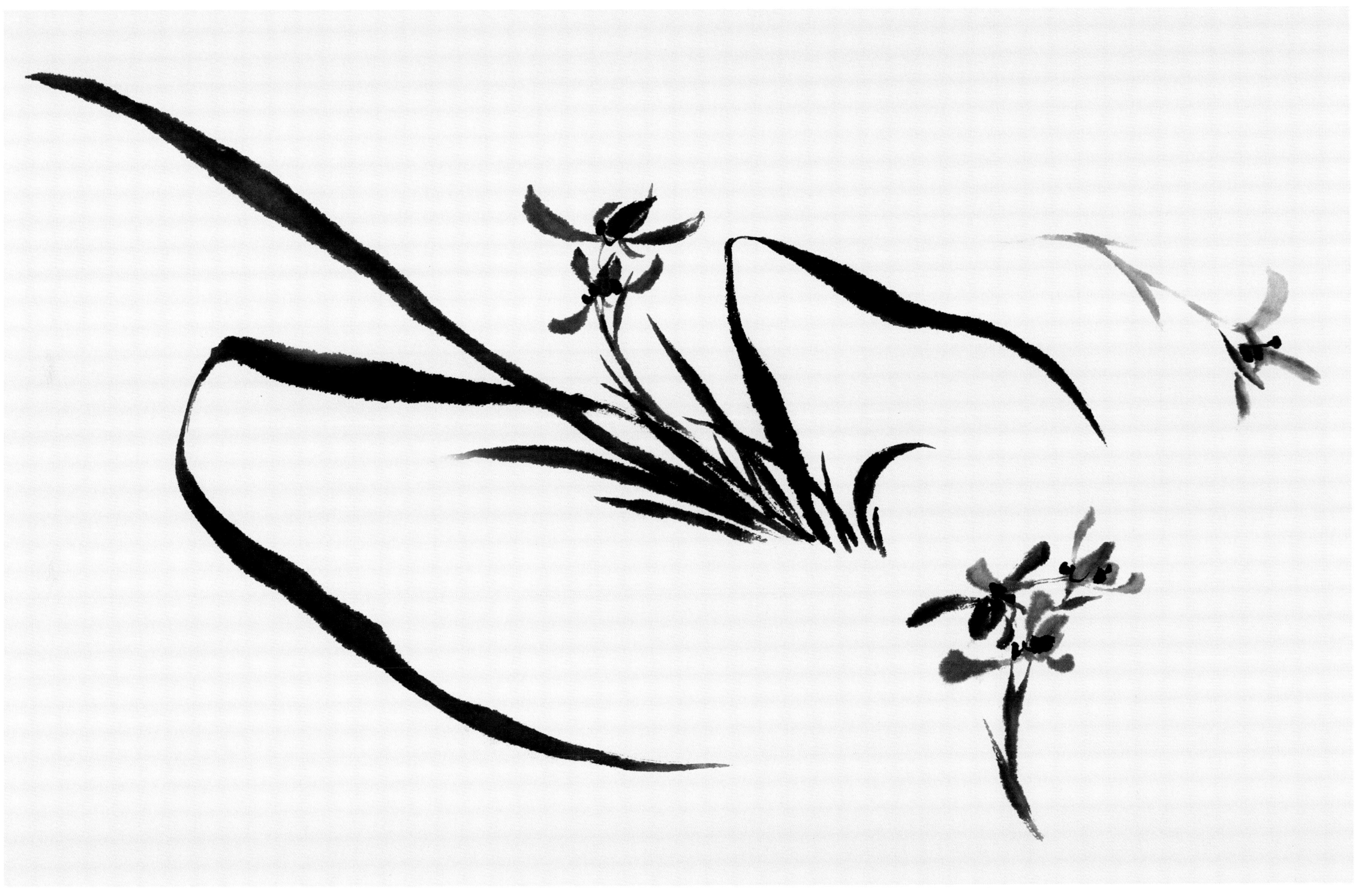

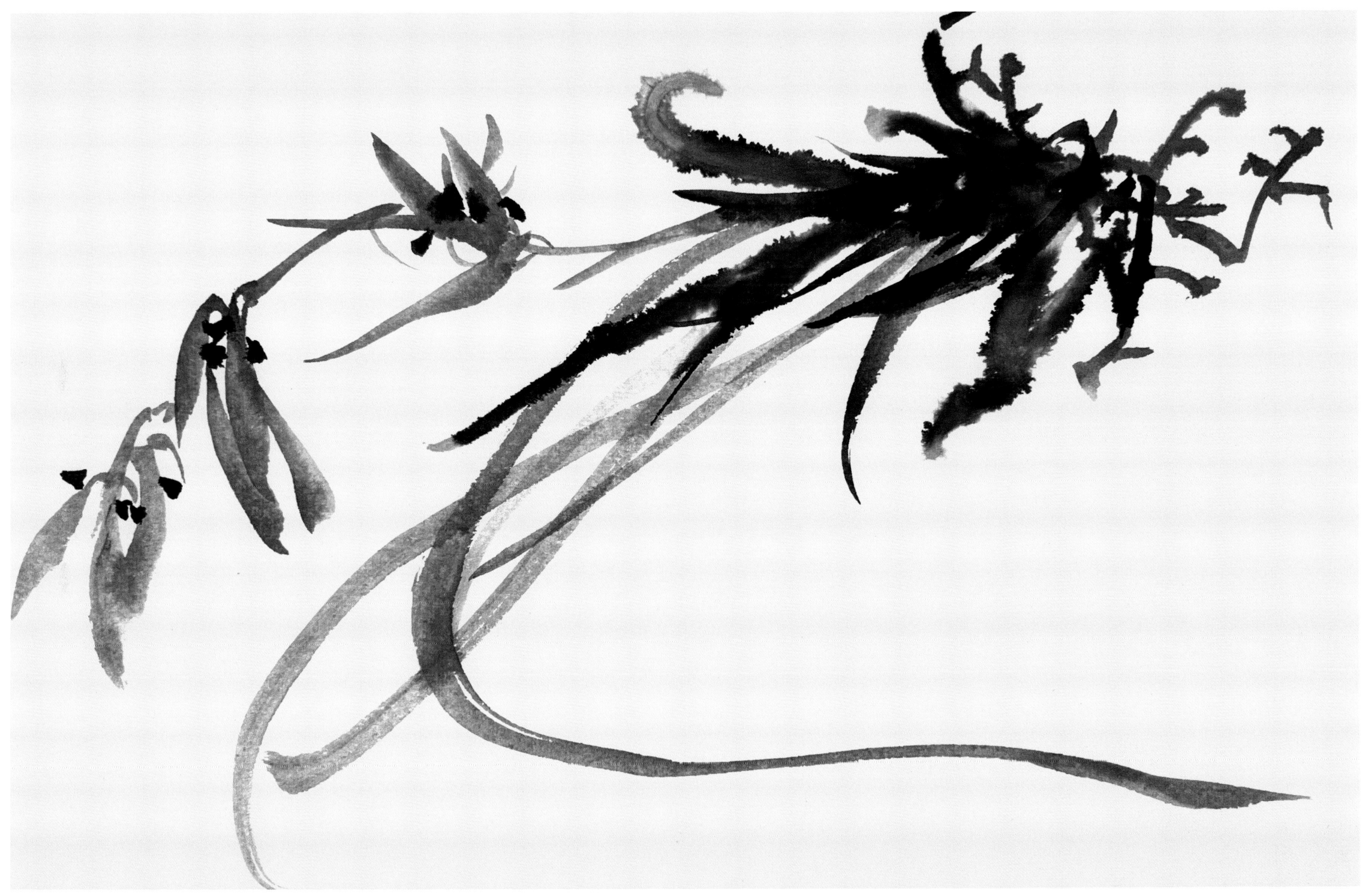

笔墨训练教程／兰

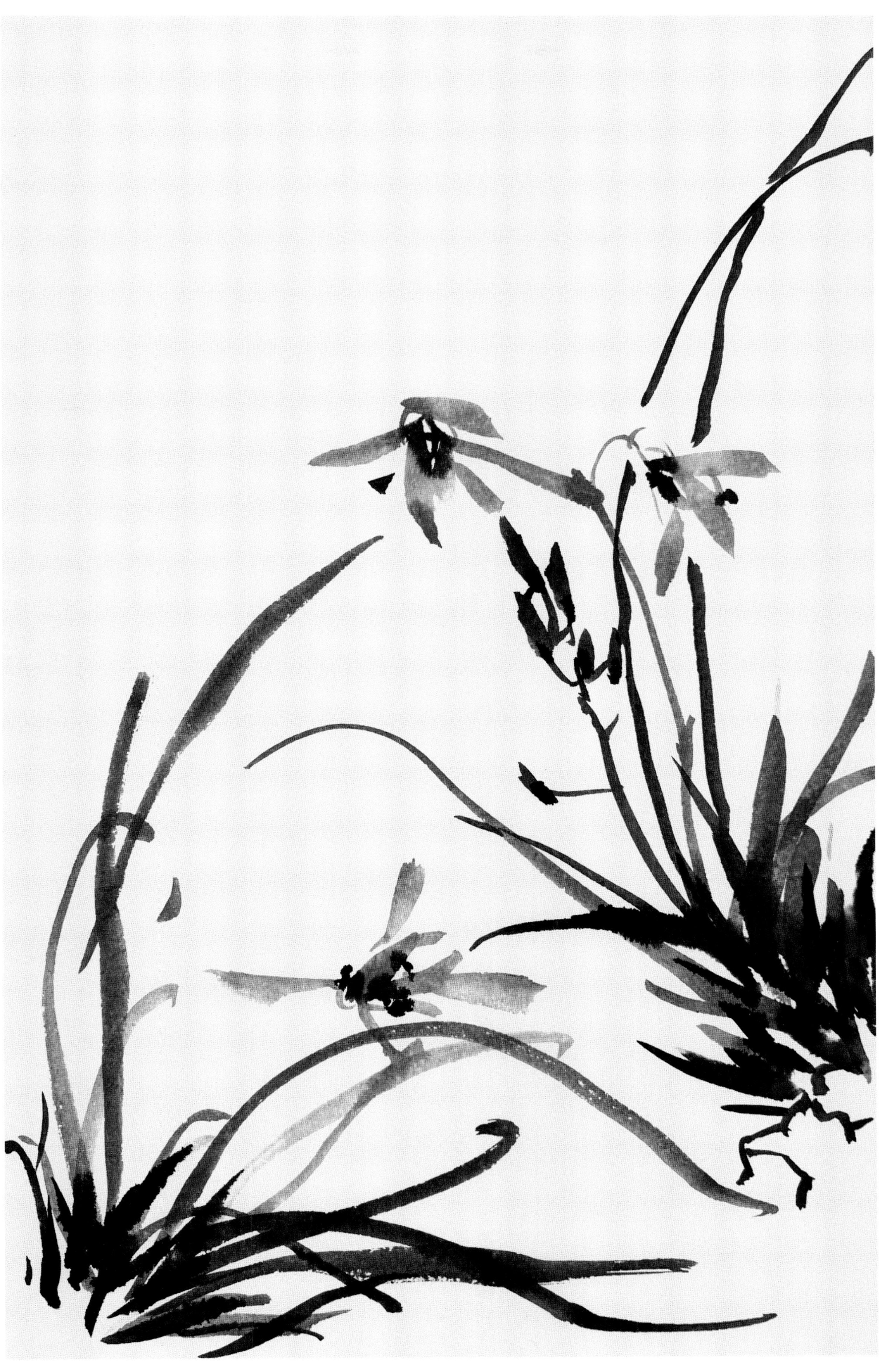

◆ 练习

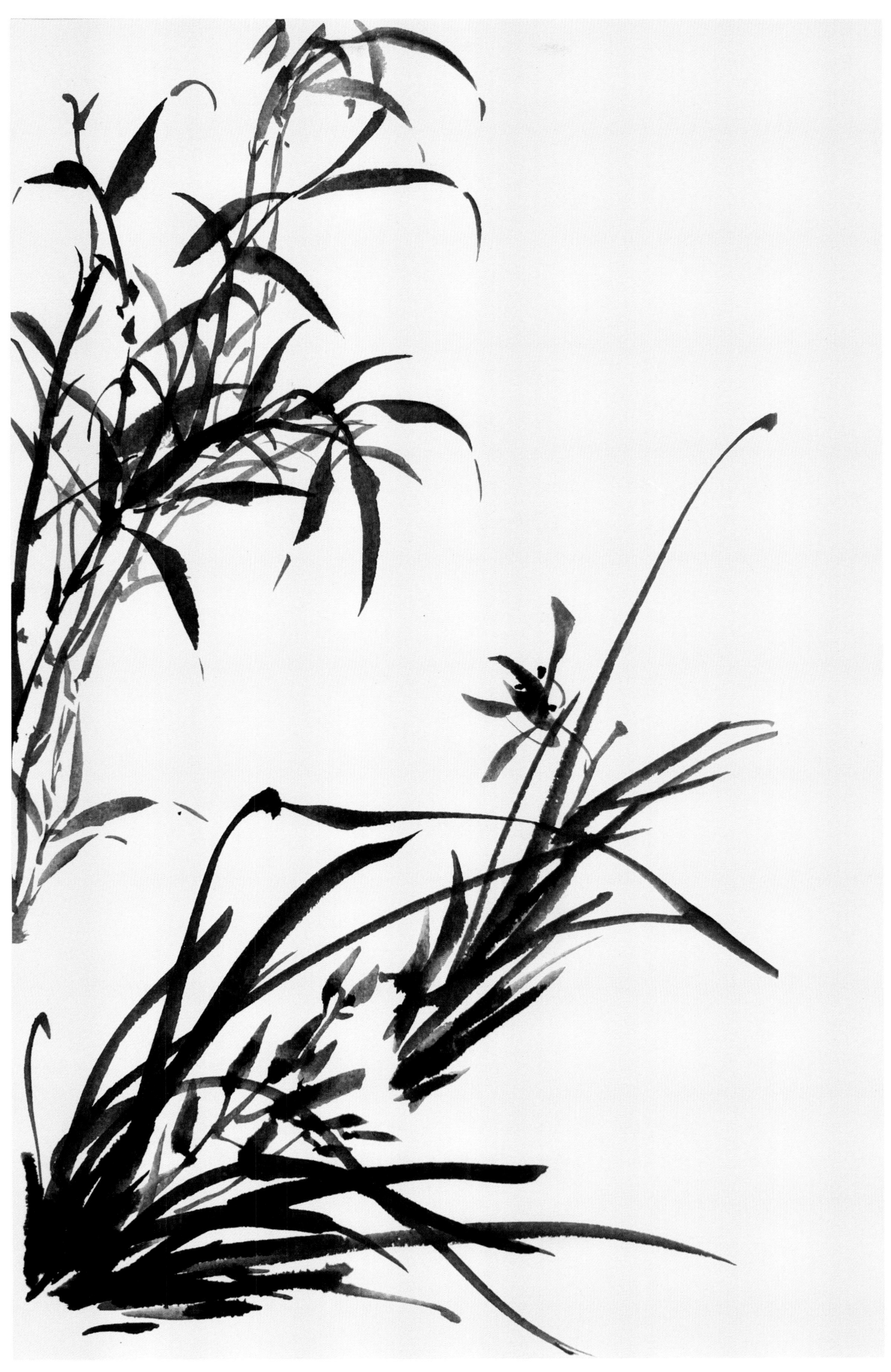

◆ 练习

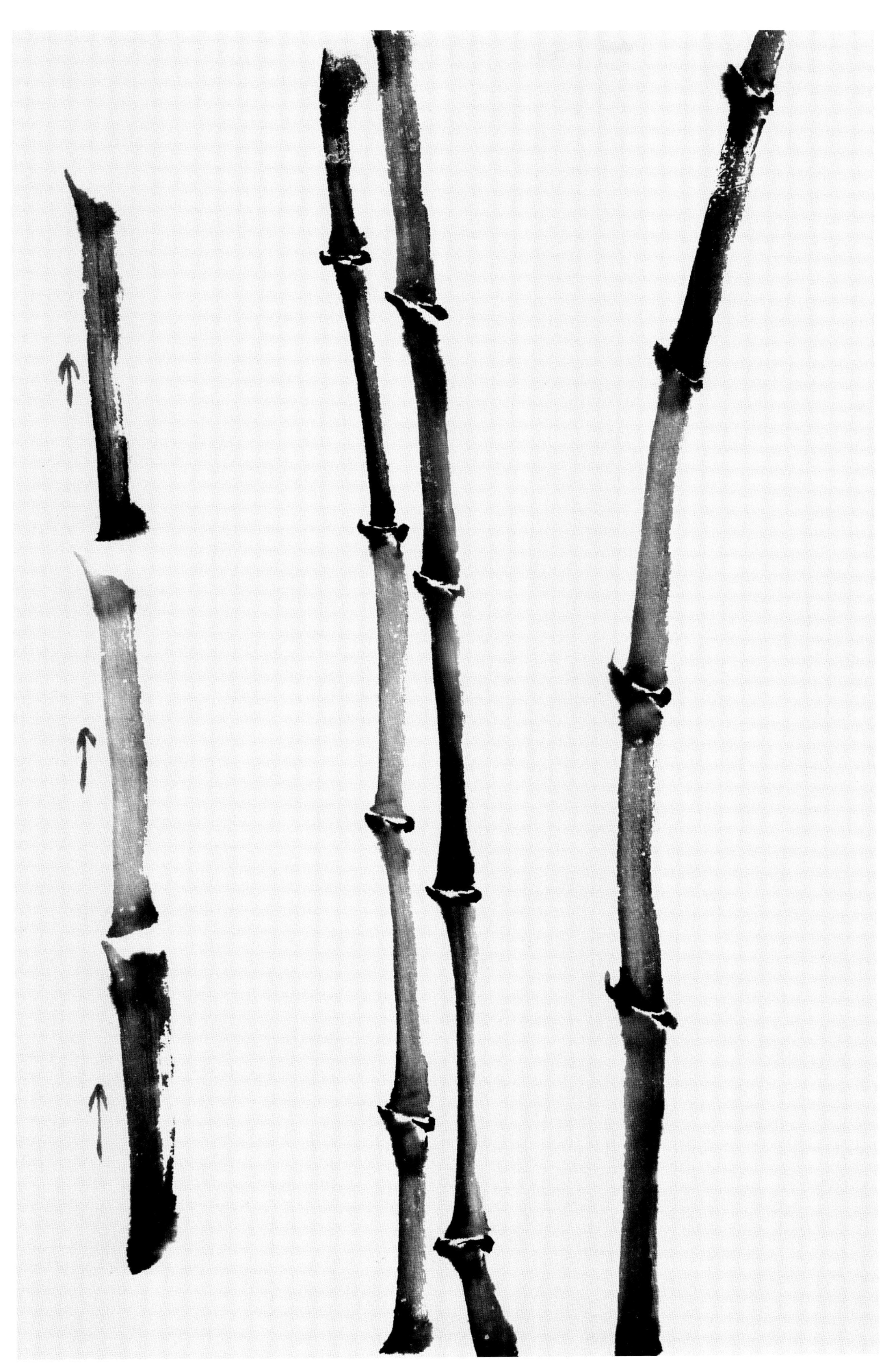

❖ 画竹先从竹竿、竹节、竹枝入手，再画竹叶。竹竿一般中锋用笔，从上往下或从下往上画随个人画法而定。

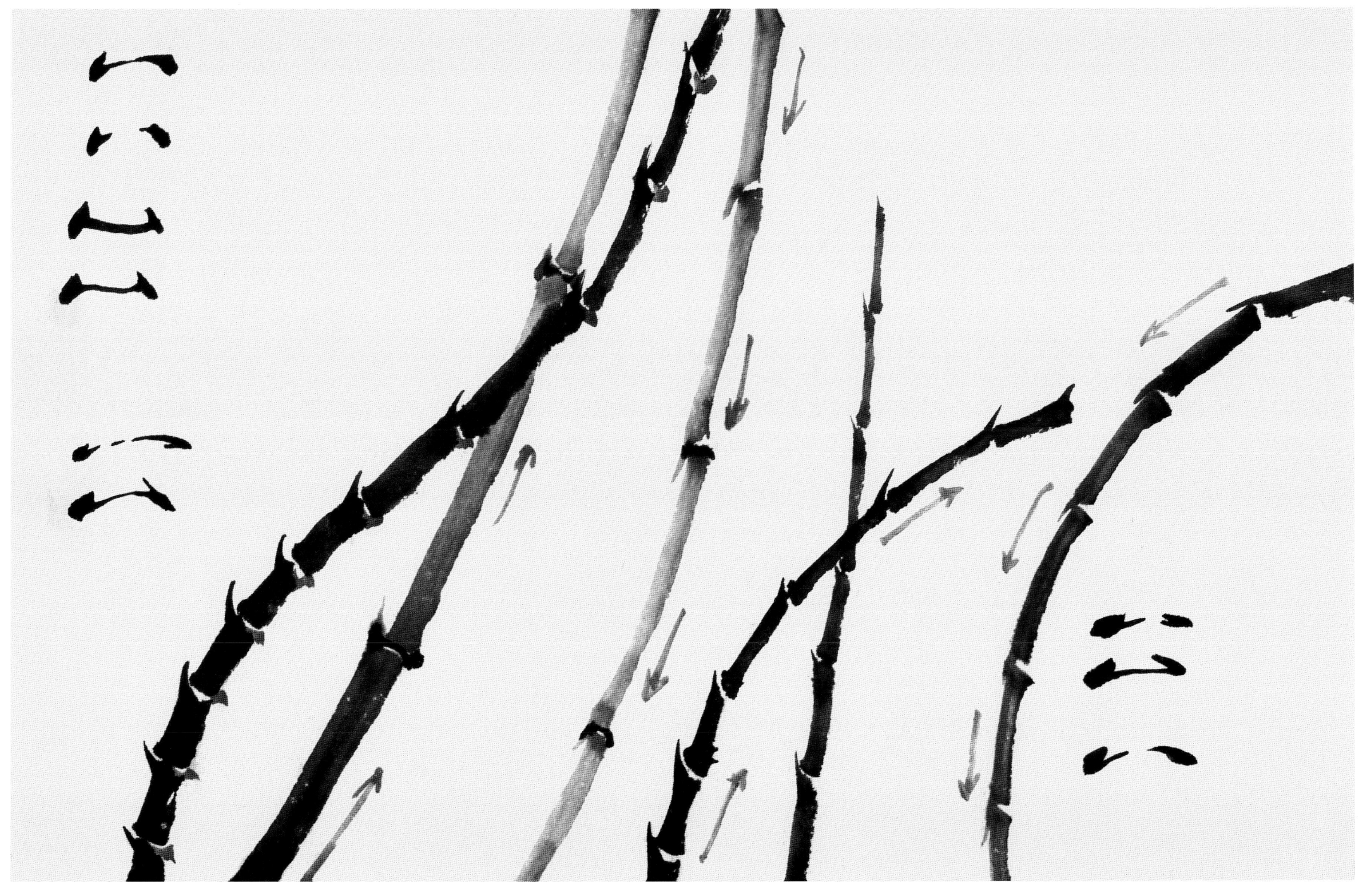

◆ 画竹节讲究多变，长短粗细交替表现，中锋、侧锋适中运用，运笔要自然有节奏。

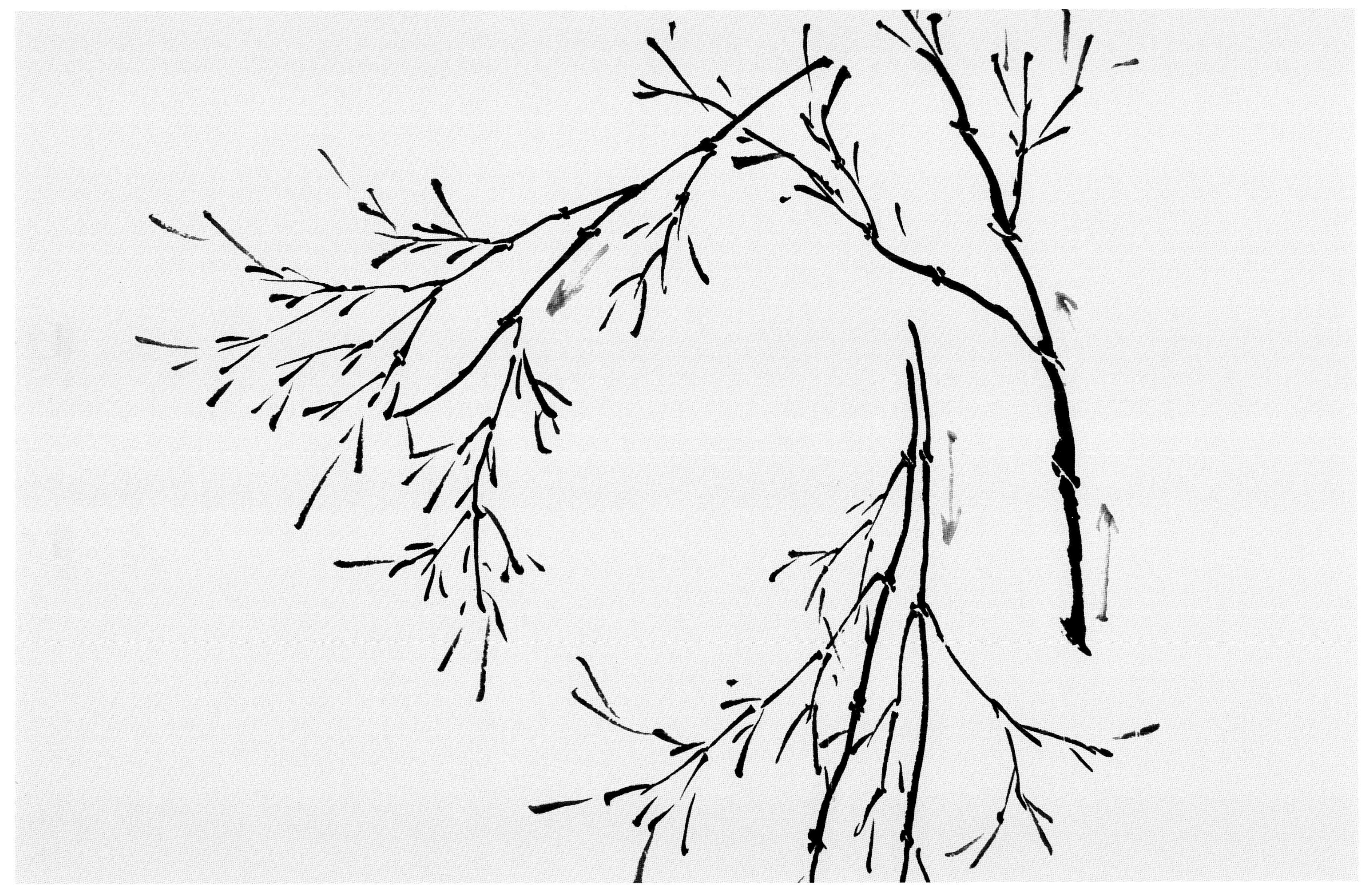

◈ 画竹枝应用笔自如，方向灵活多样，运笔要连贯有节奏感，灵活落笔，疏密适中。

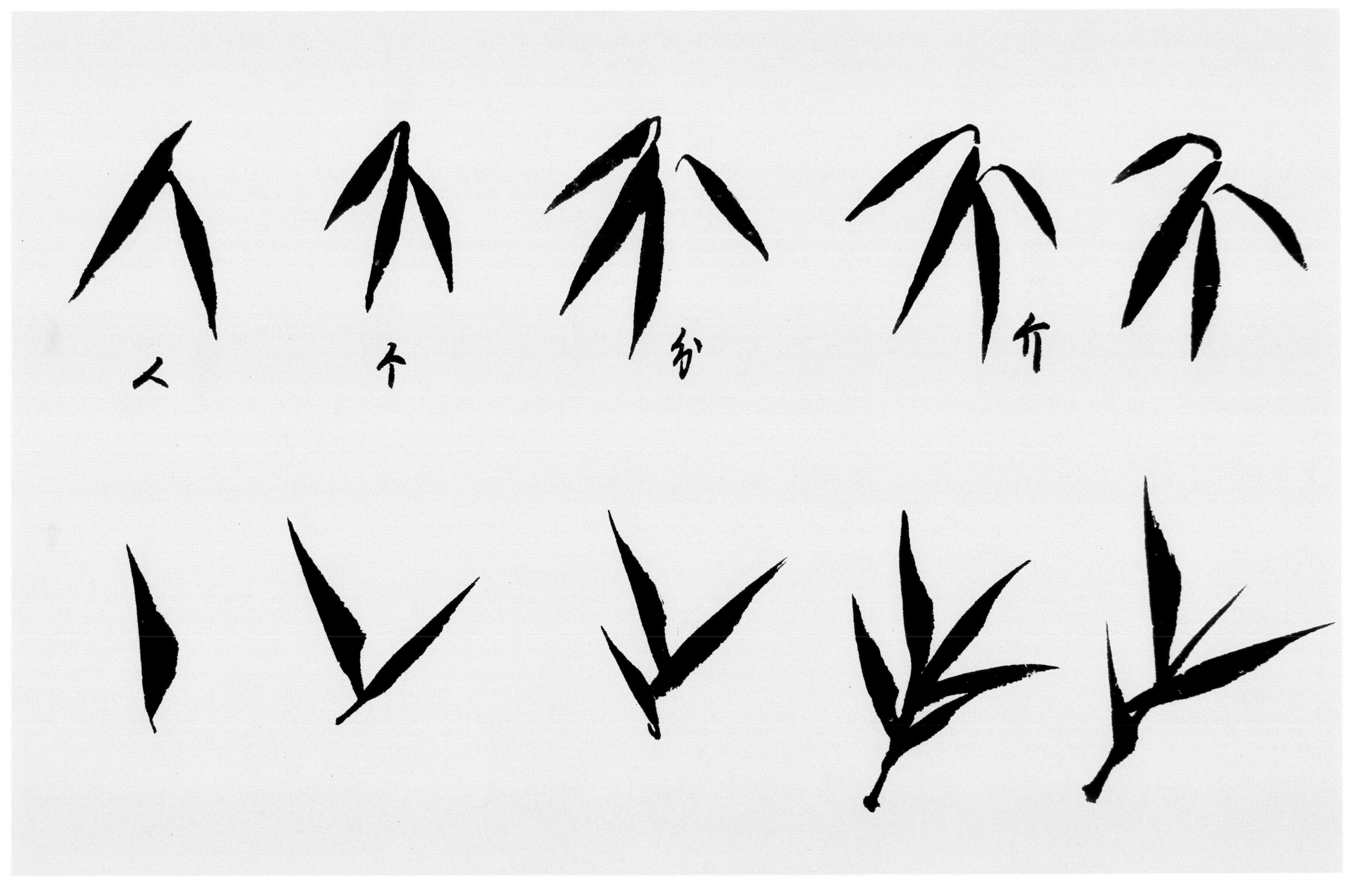

◈ 竹叶的传统画法形似 "人" "个" "分" "介" 字，向上或向下生长，自如多变。

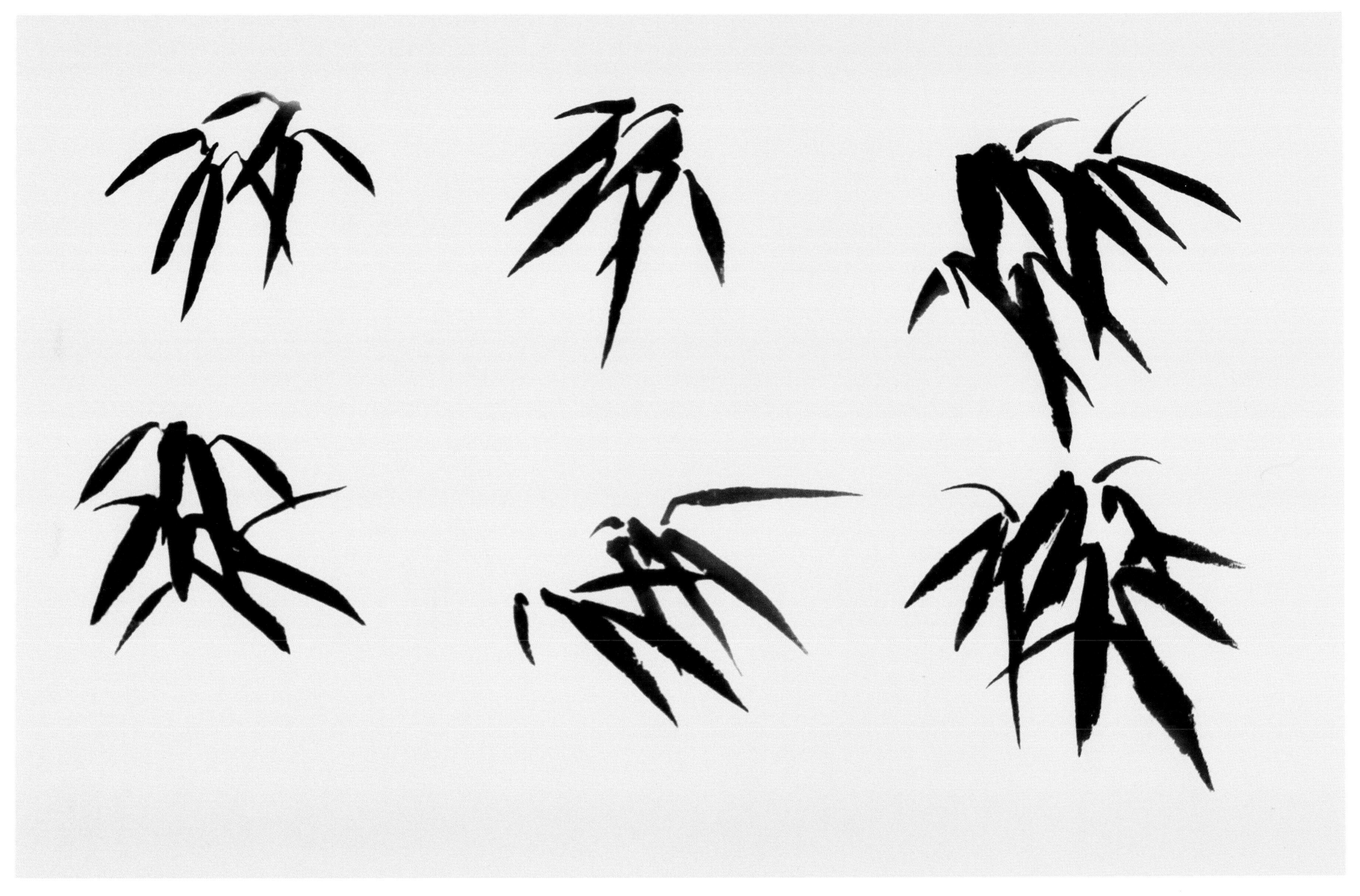

◈ 画竹叶应遵循自然规律，用笔灵活自如，既像写字又要注意竹叶的画意。

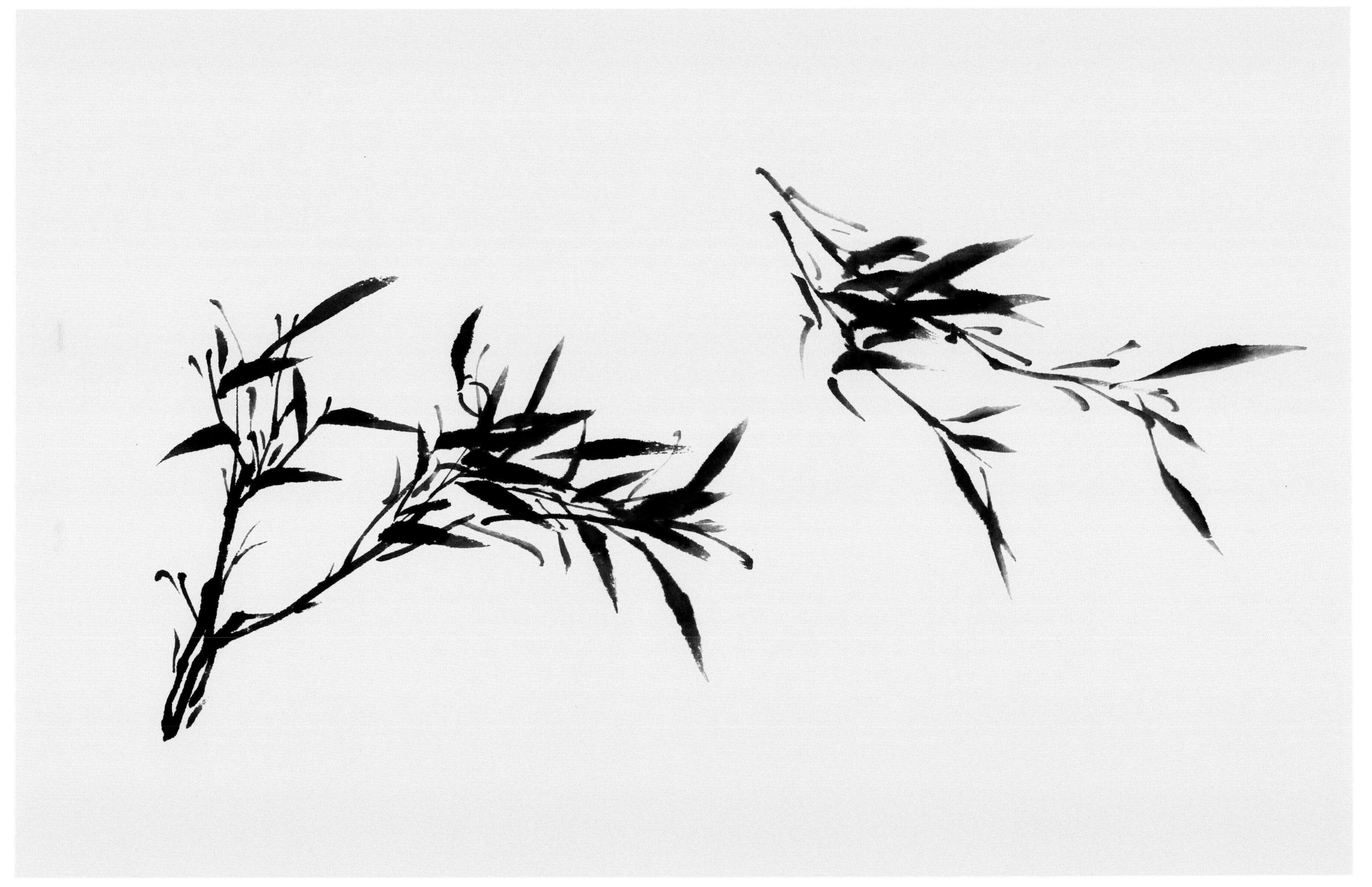

❖ 竹叶要分组塑造，排列要有序，最后统一竹叶与竹枝的方向。

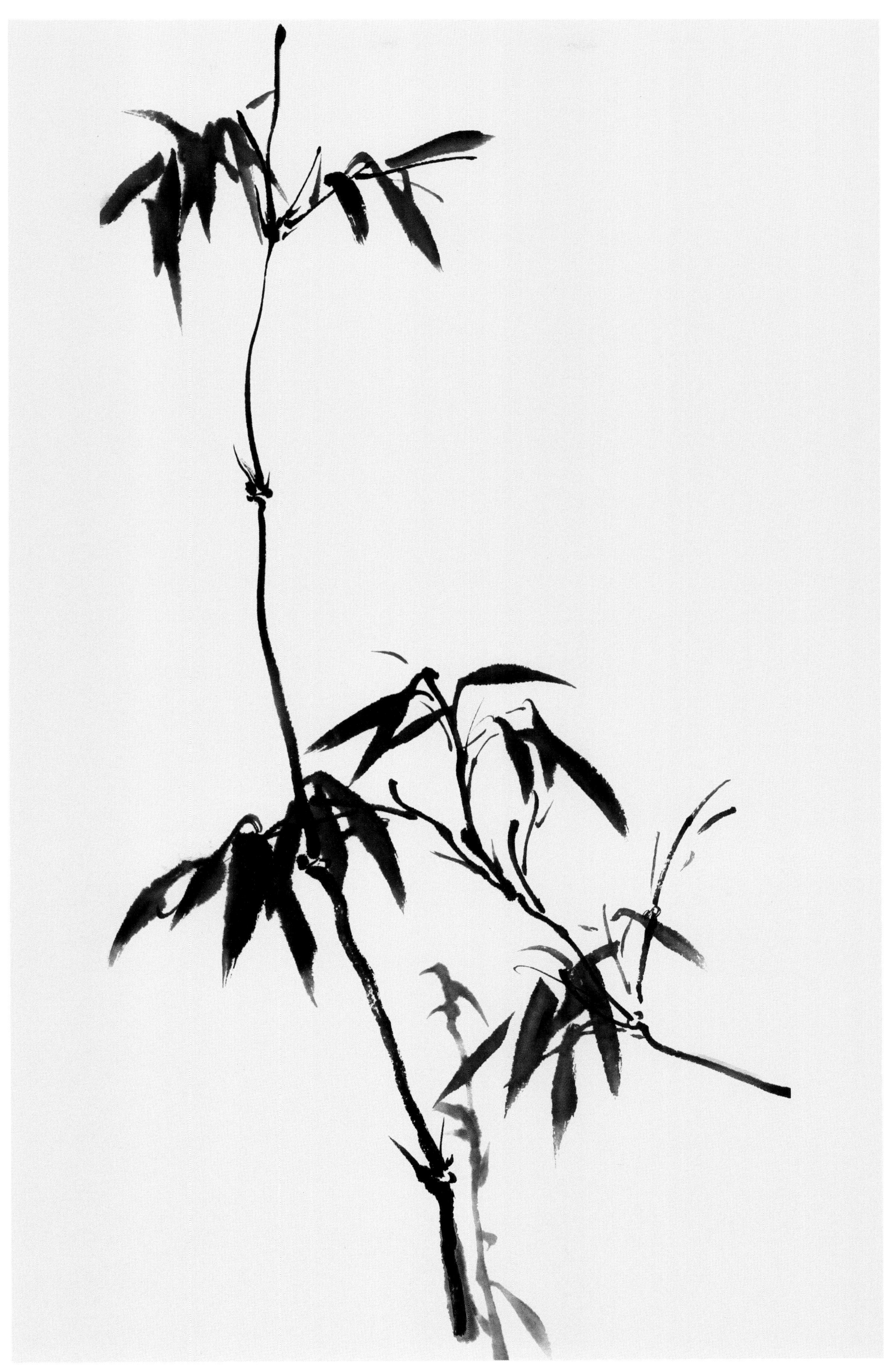

◆ 练习

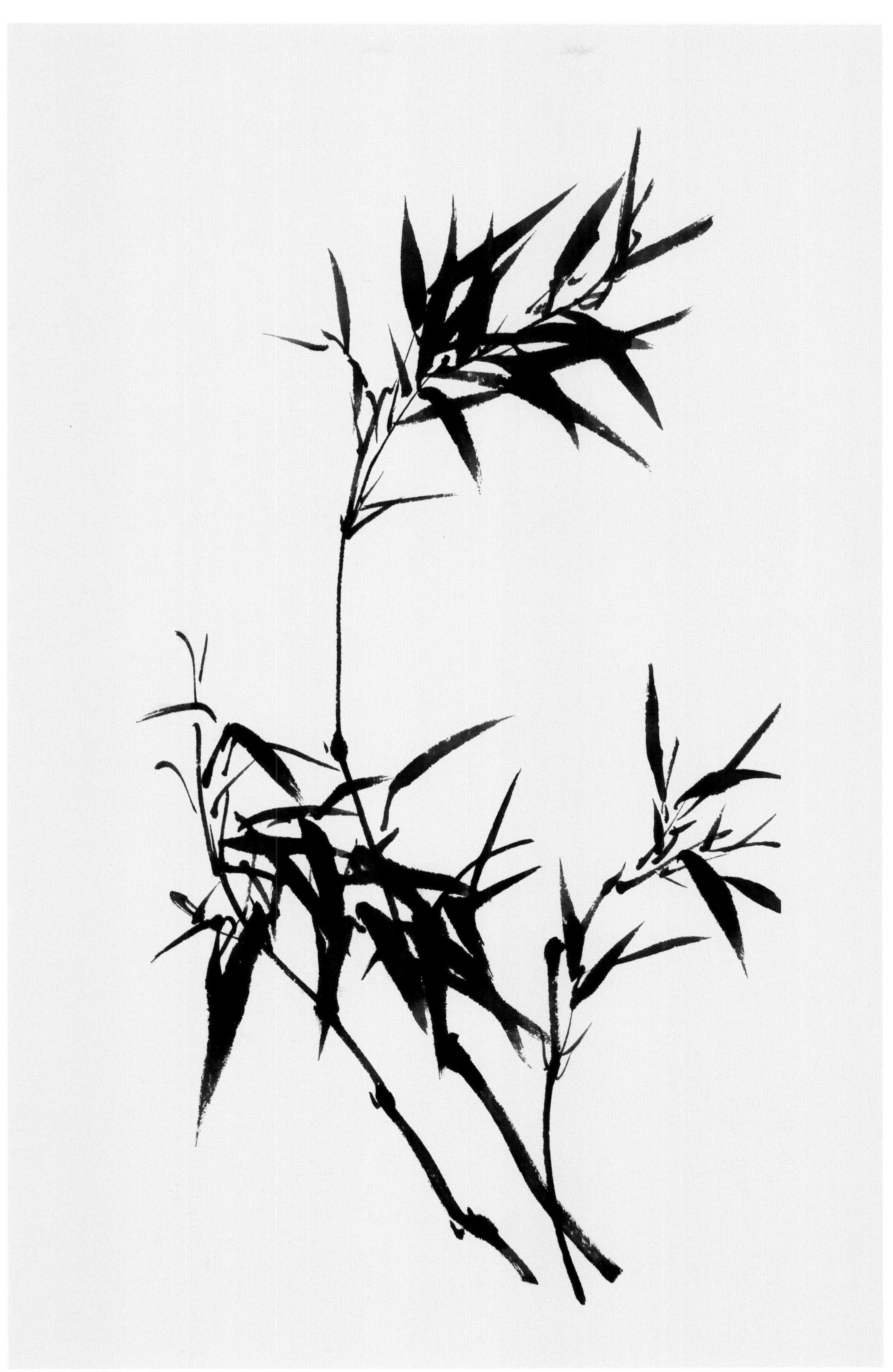

◈ 练习

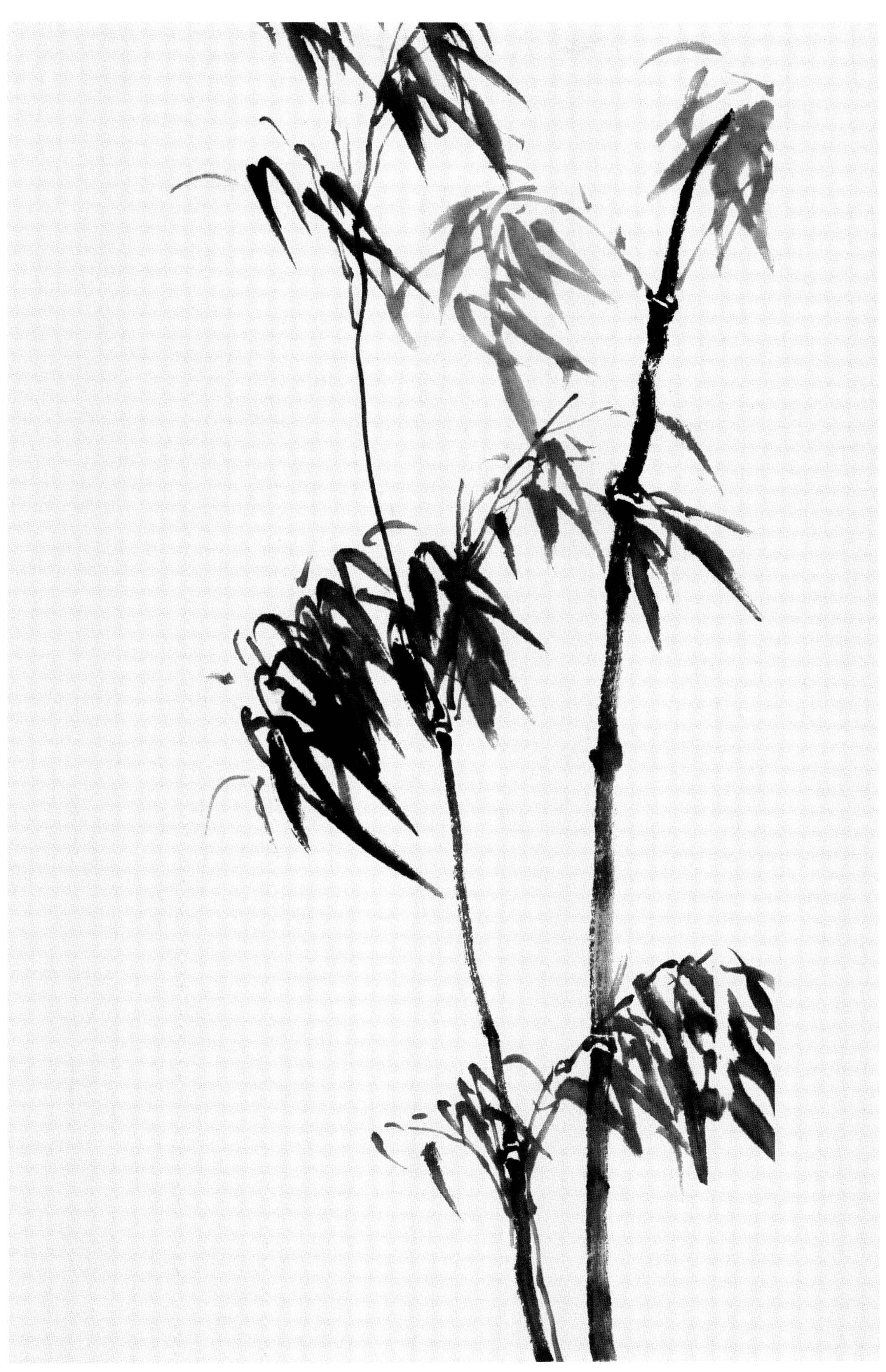

✤ 练习

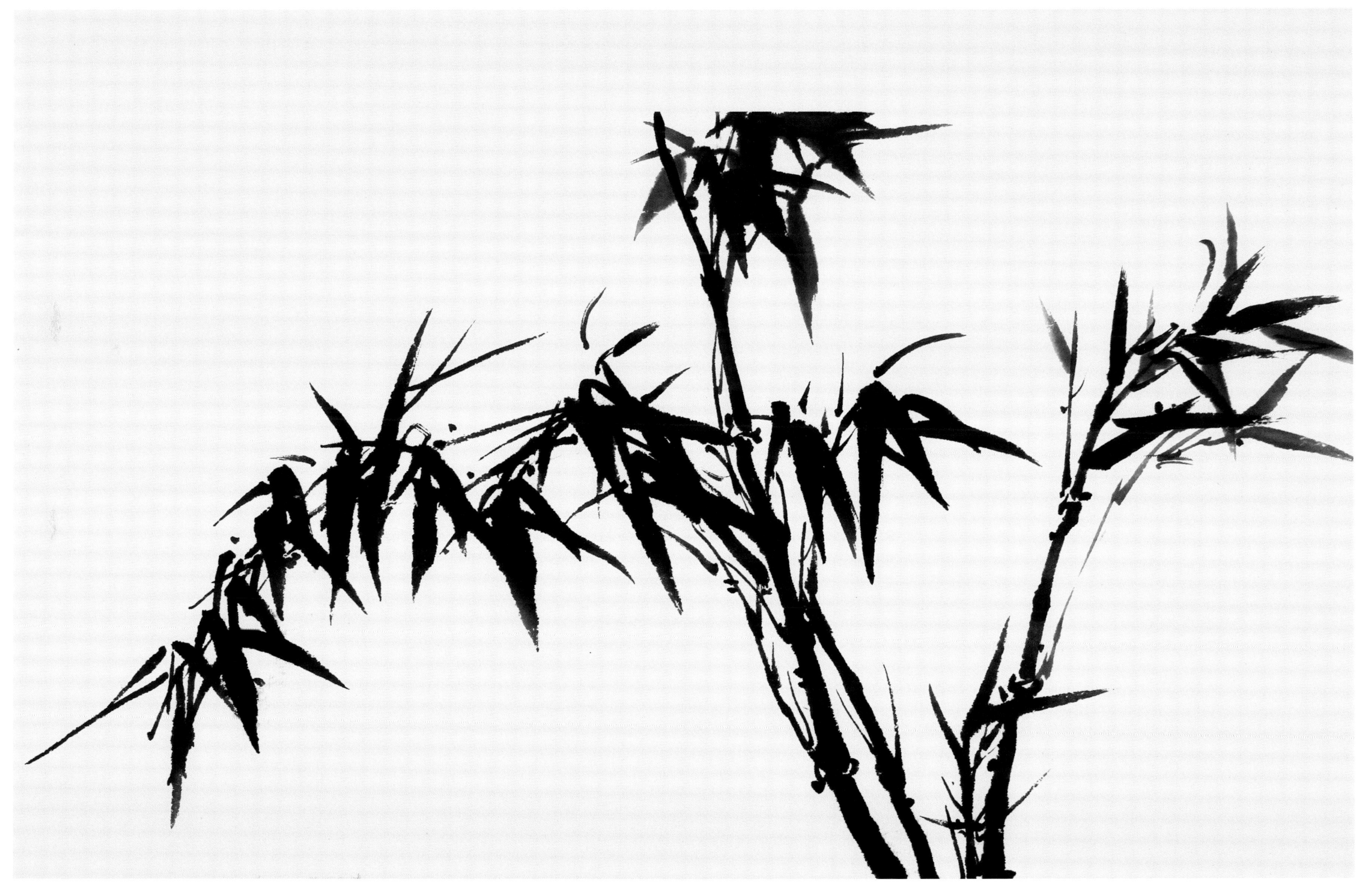

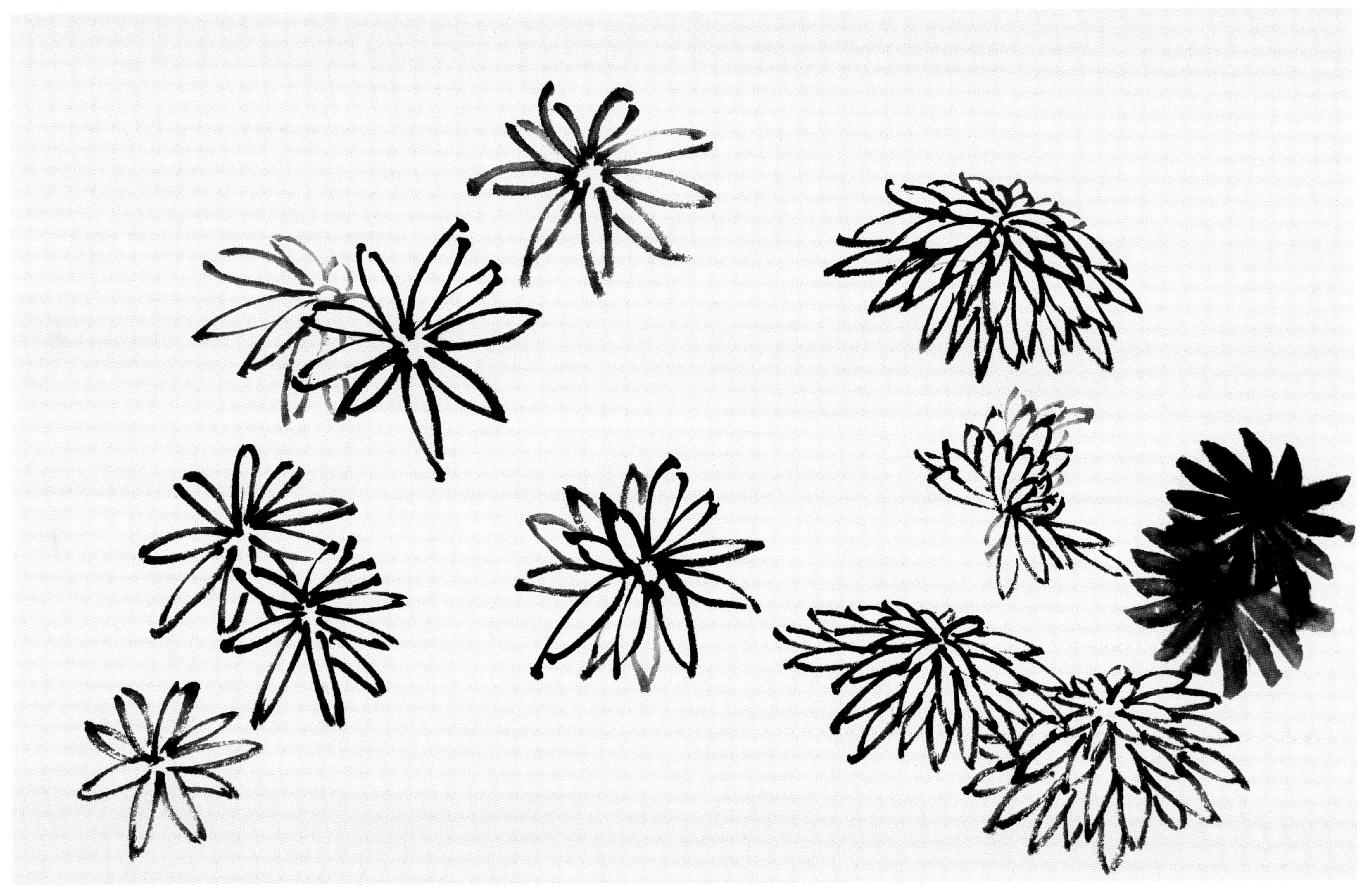

✿ 画菊先从勾花朵开始。花瓣有尖圆、宽窄、长短等变化，注意用笔的方向与力度。

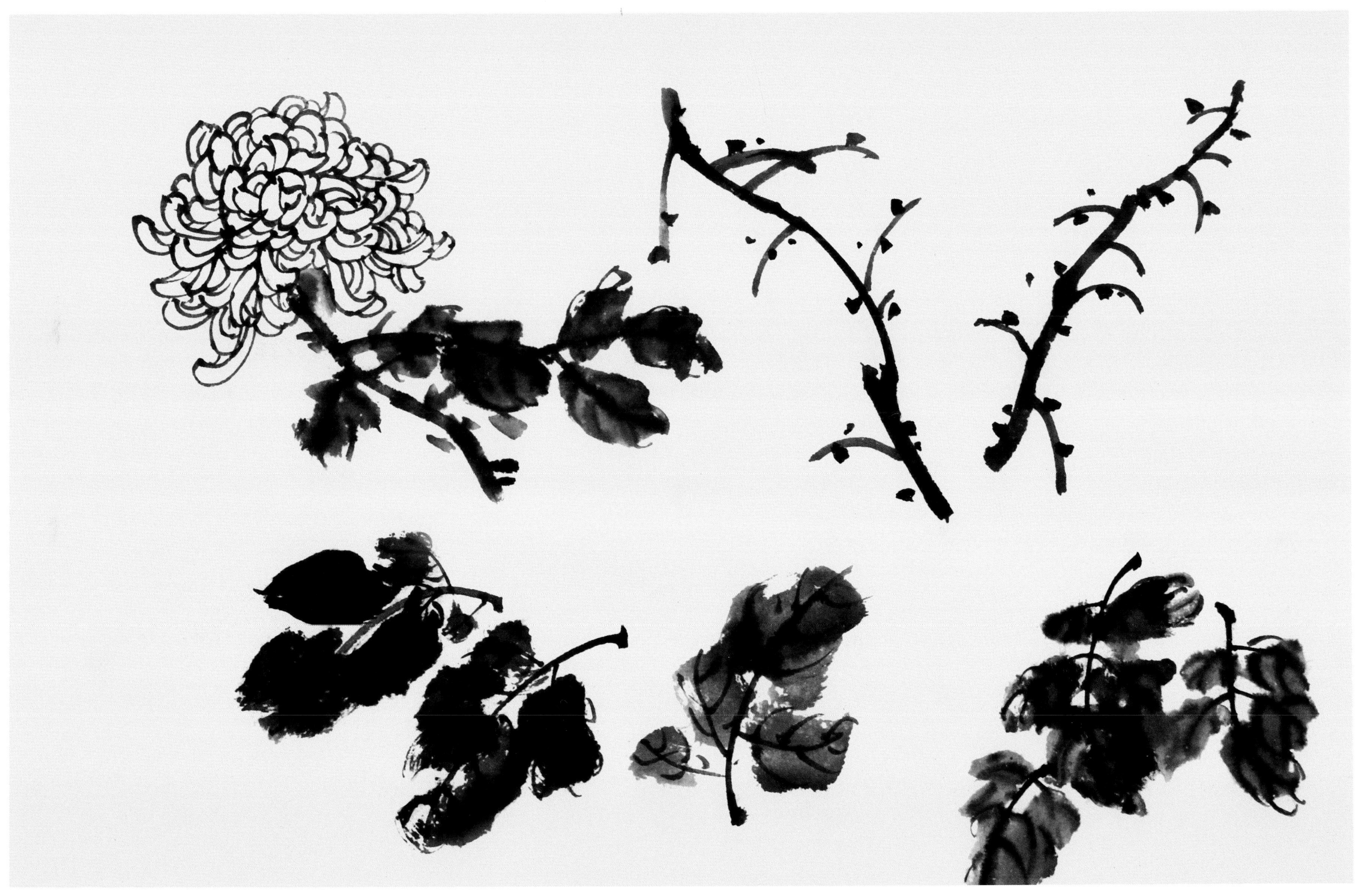

◈ 菊花在秋季开得最旺，千姿百态，争奇斗艳。

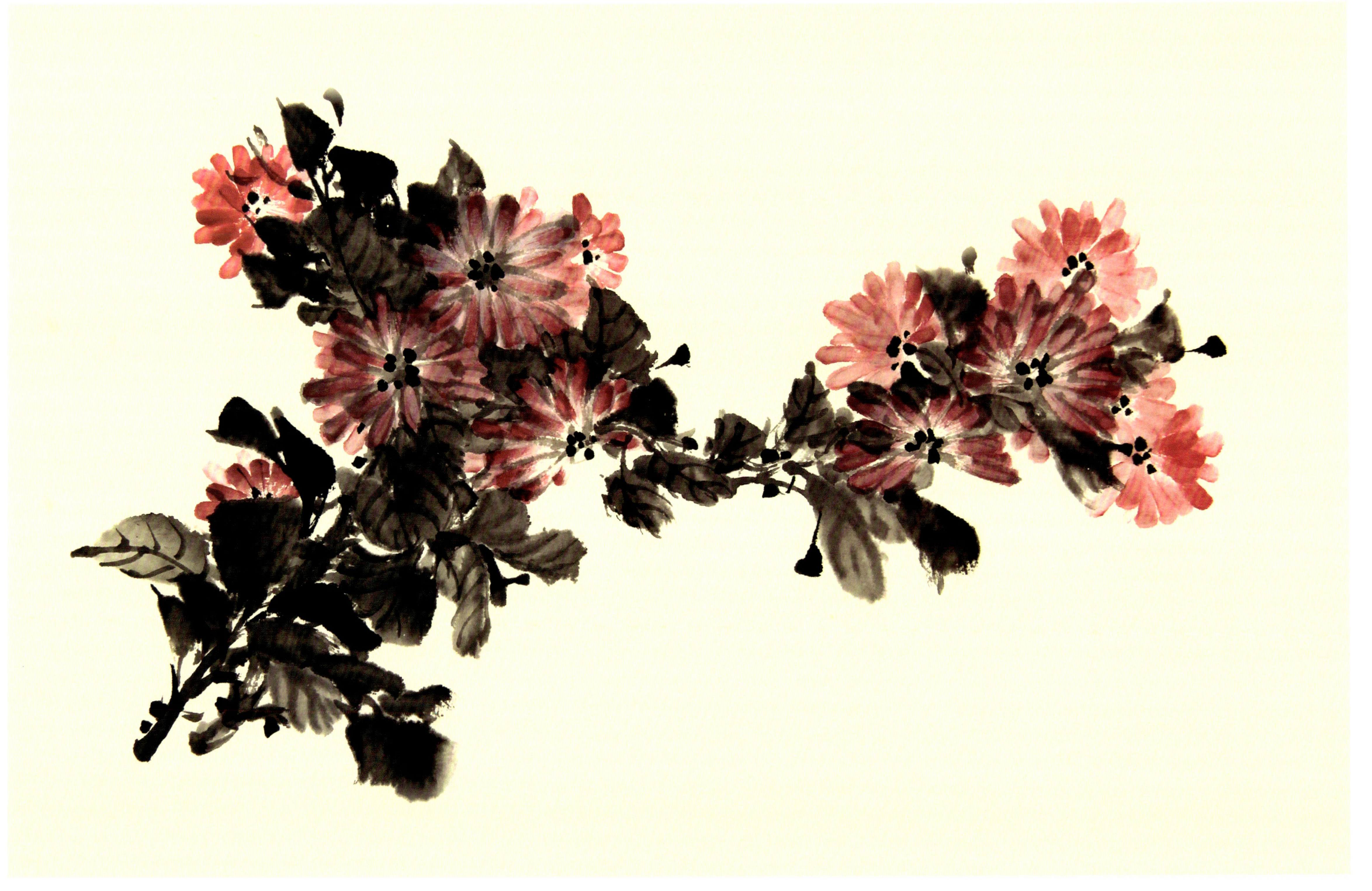

◈ 菊花可勾可点，花朵的组合要有疏有密，花朵的姿态、方向要各有不同，枝干的长势要有气势。画菊可以先从临摹开始，再进行写生。

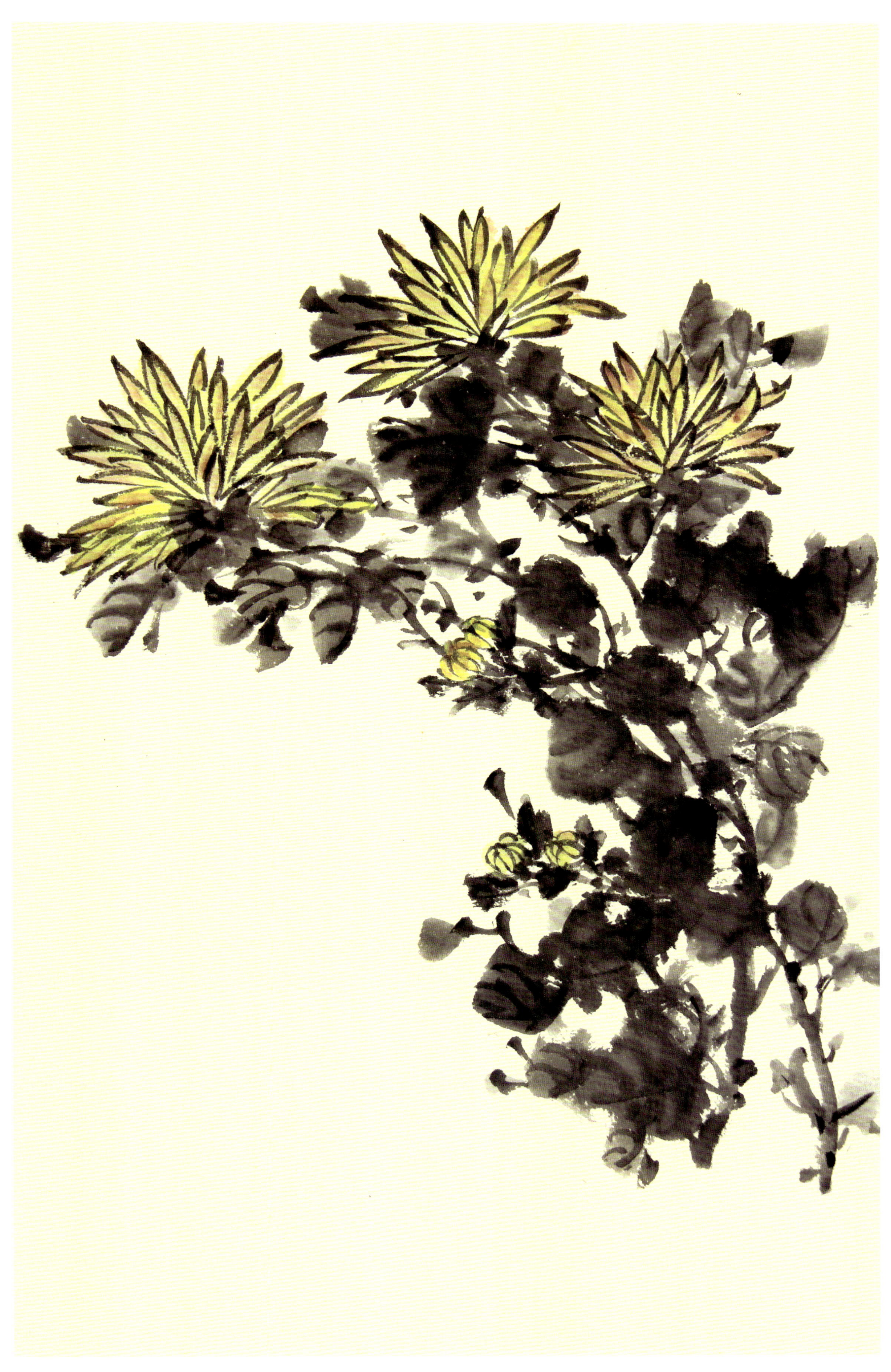

◈ 画菊不要一味盯着花头刻画，要注意整株花的曲折变化，根据花的姿态来画出叶子，叶子用墨应深浅多变，并且笔与笔要有连贯性，最后用重墨勾出叶脉。

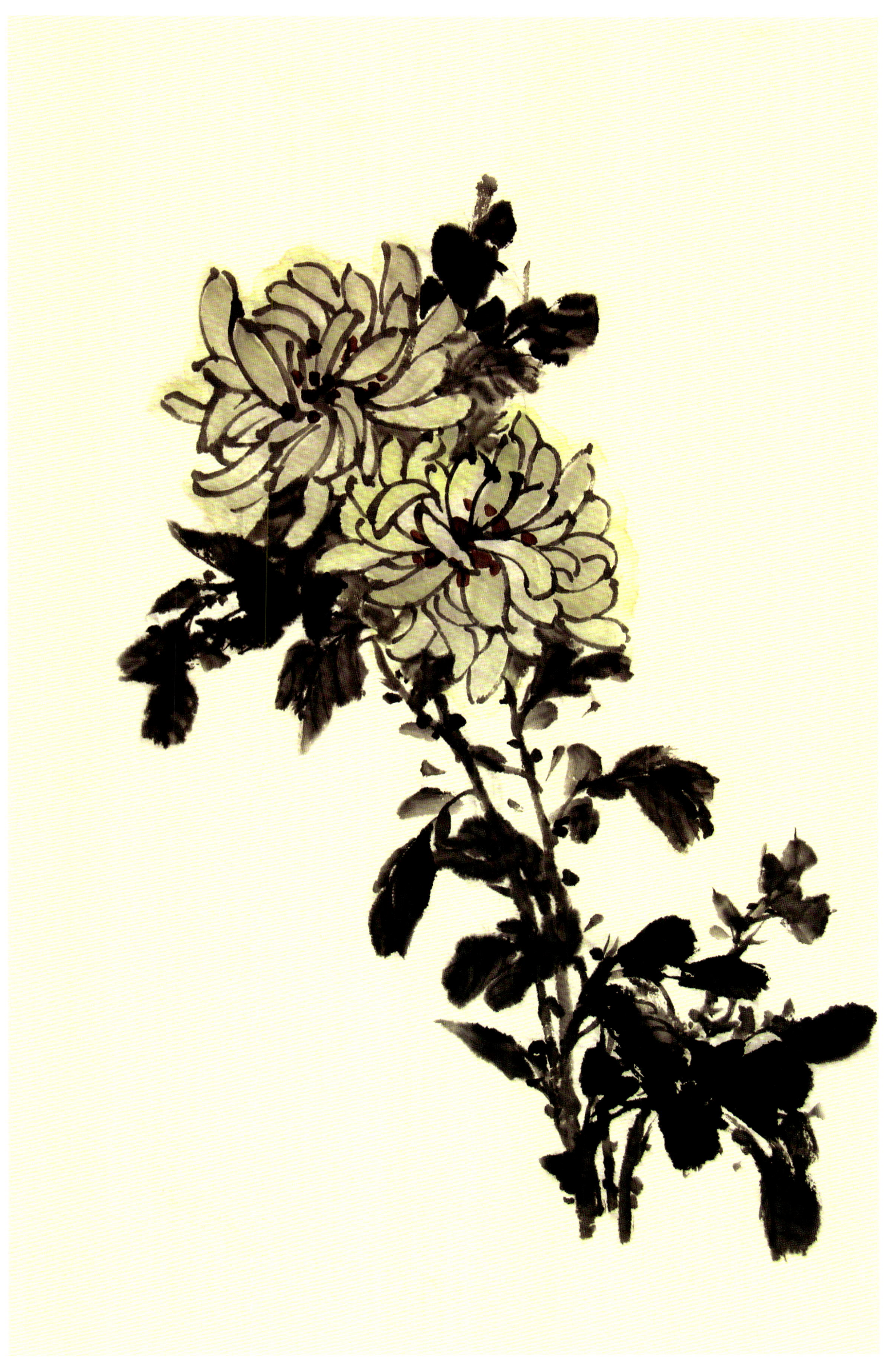

◆ 练习

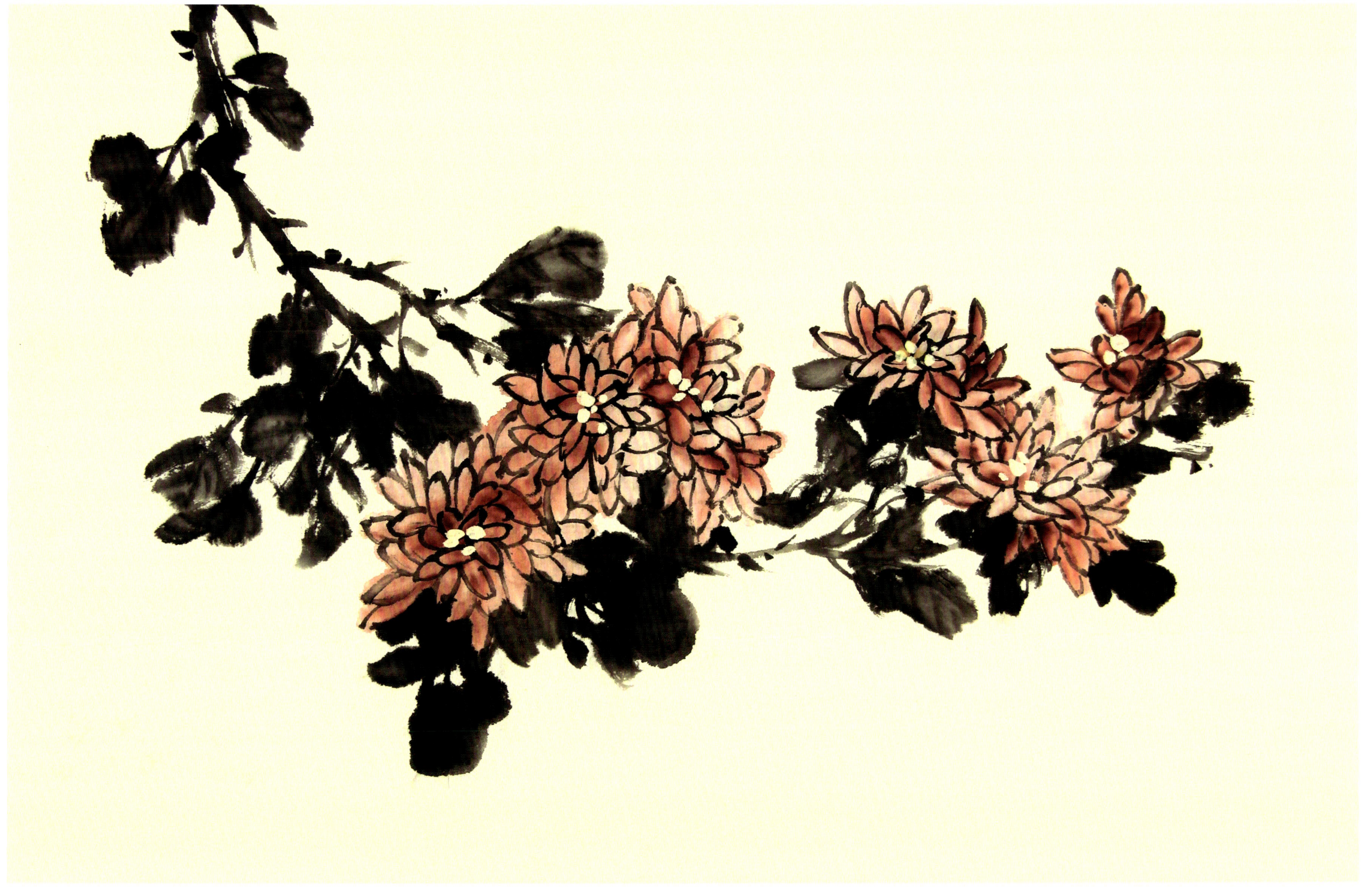

笔墨训练教程／菊

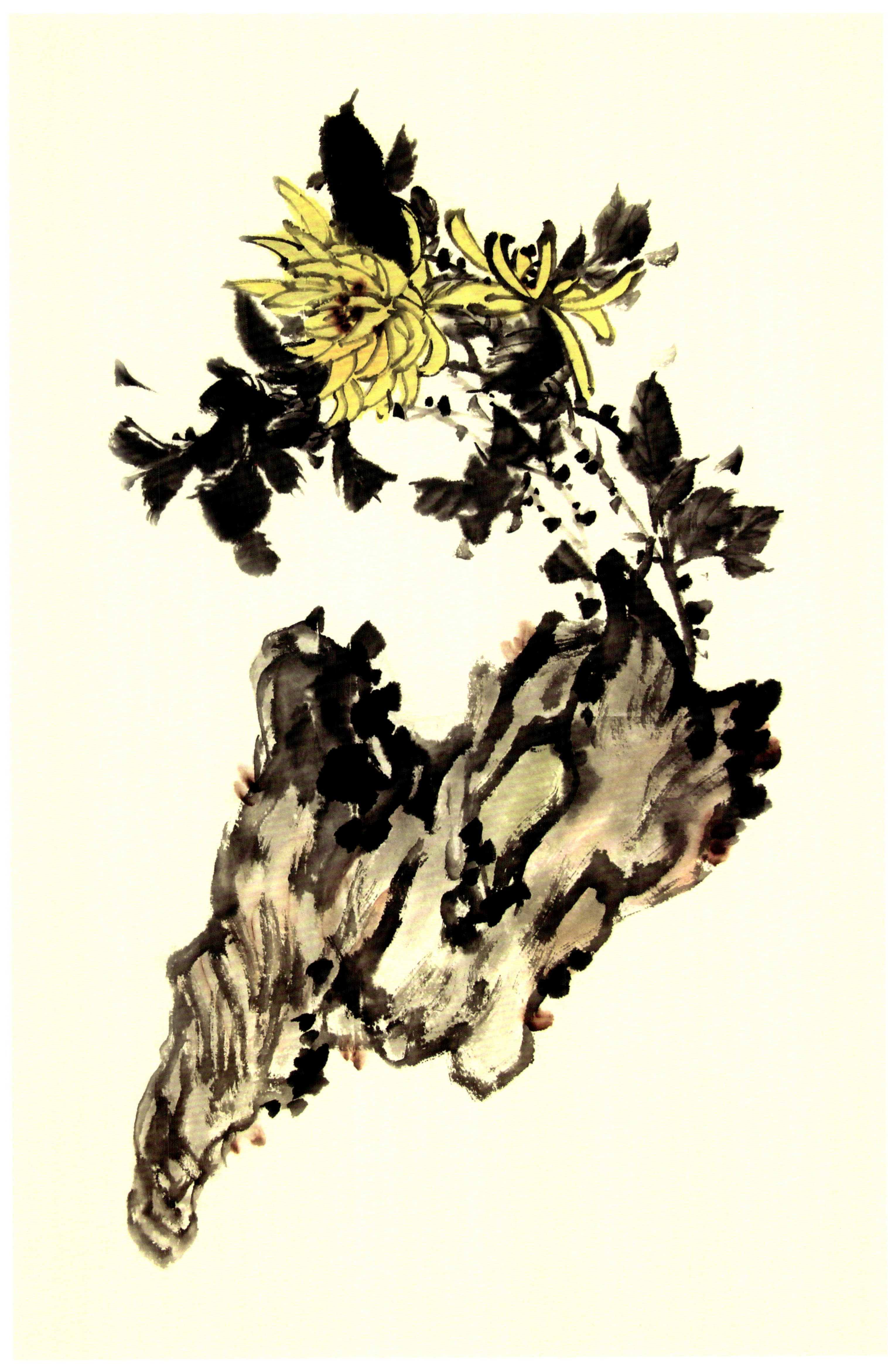

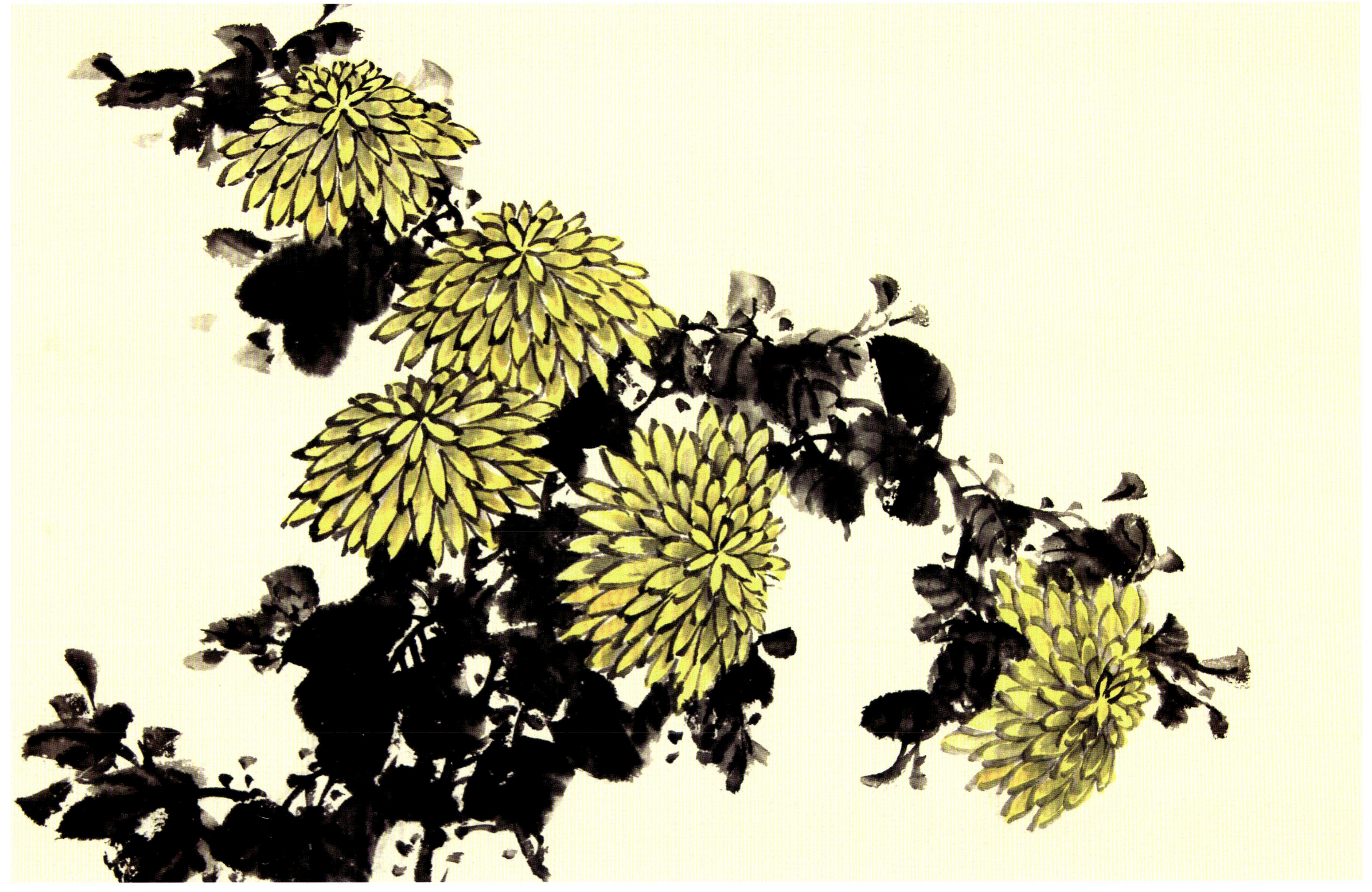

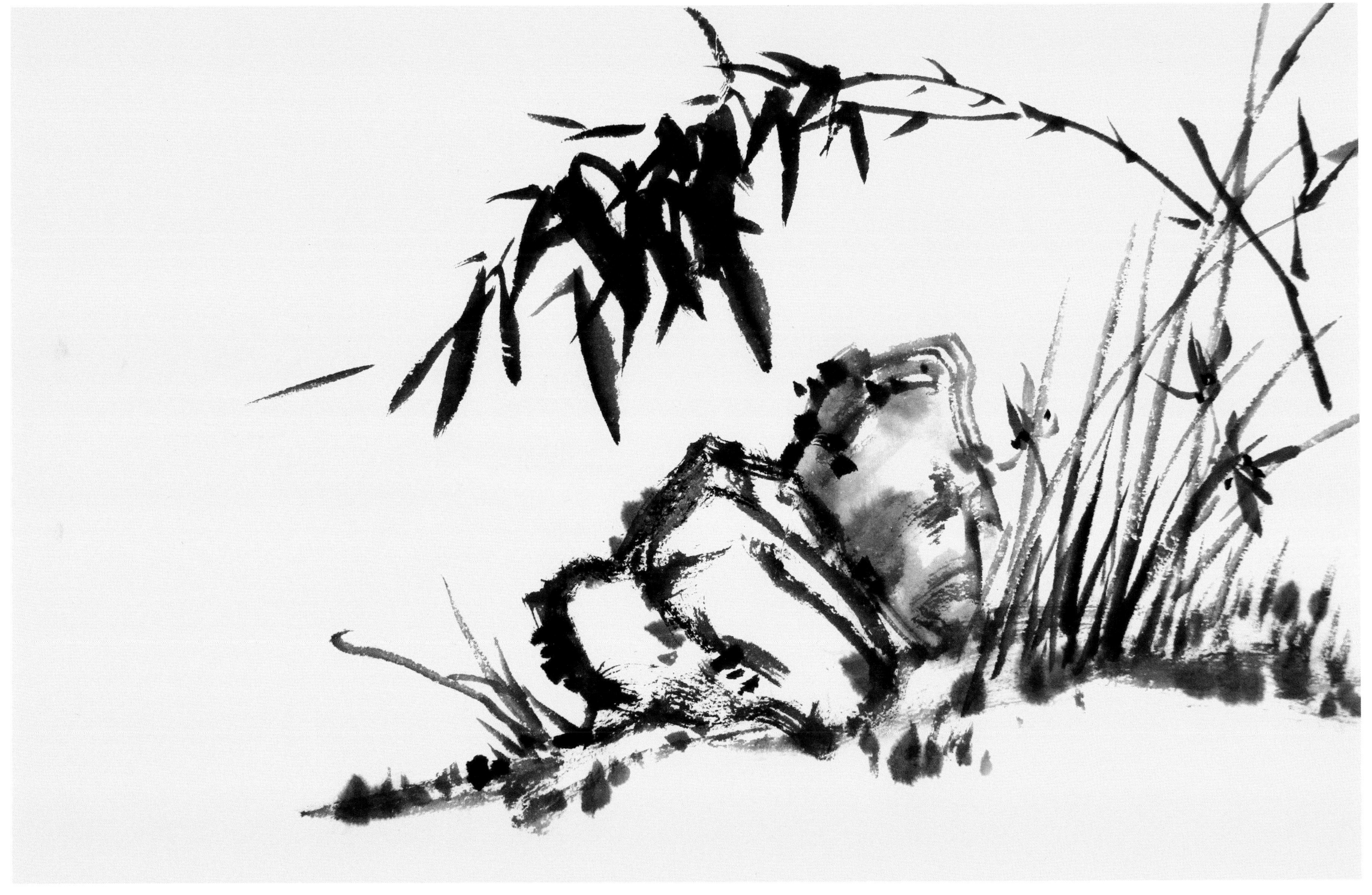

◆ 梅兰竹菊放到一起去塑造，应考虑整幅画面的气势、经营位置，相互间要错落有致、黑白灰关系得当。

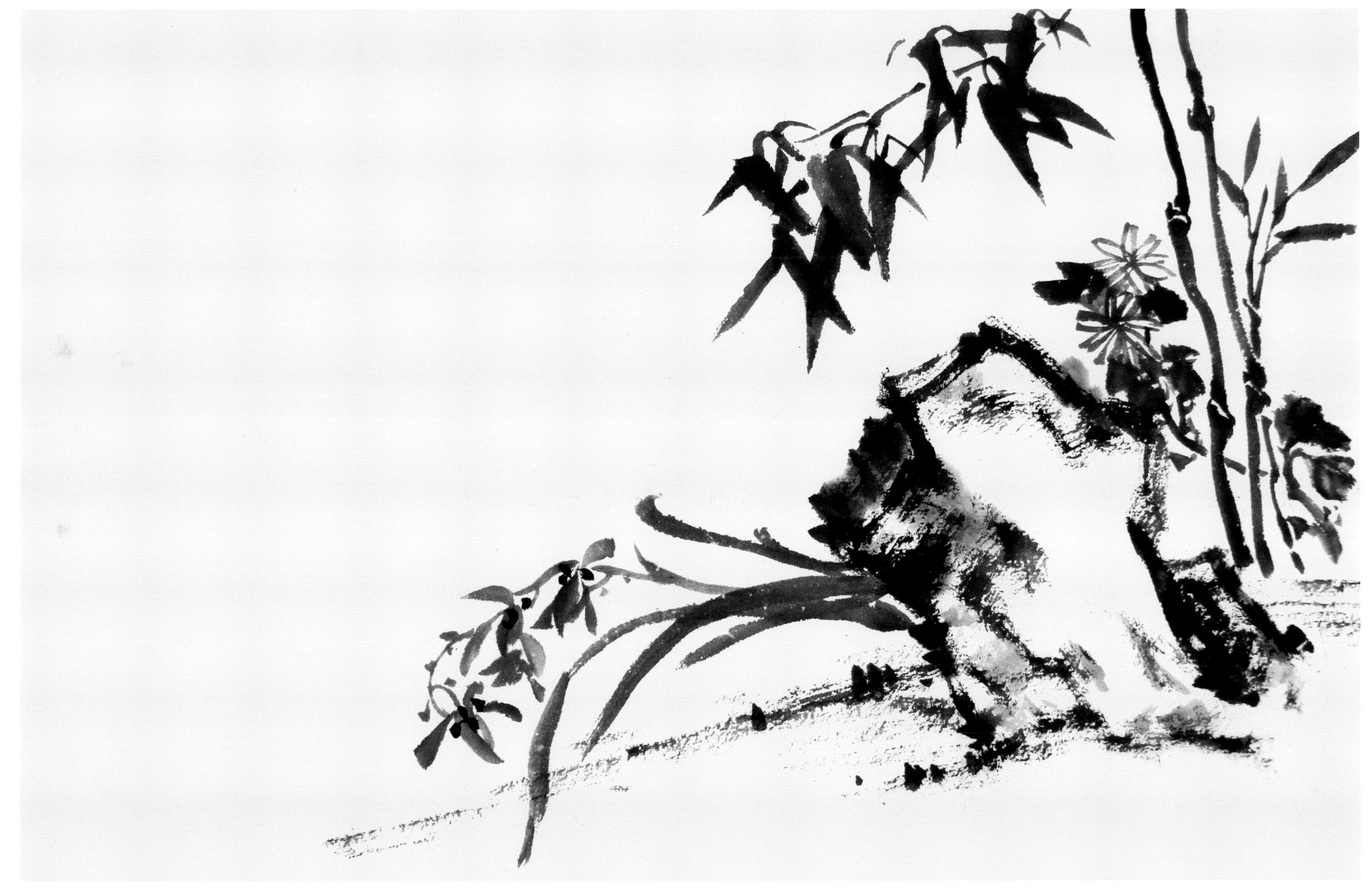

● 梅兰竹菊放到一起去塑造，布局非常关键，一定要讲究，多方面考虑。

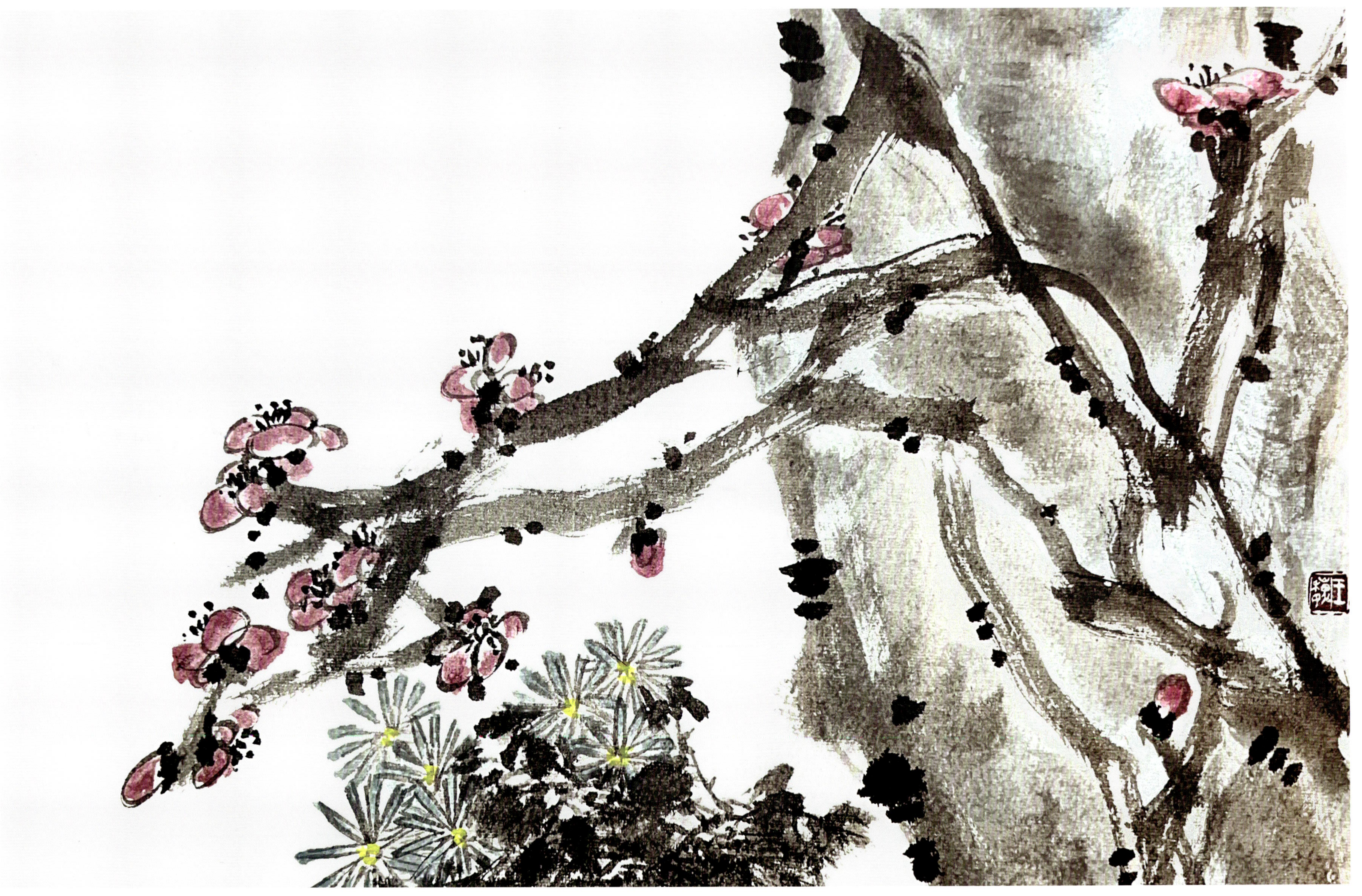

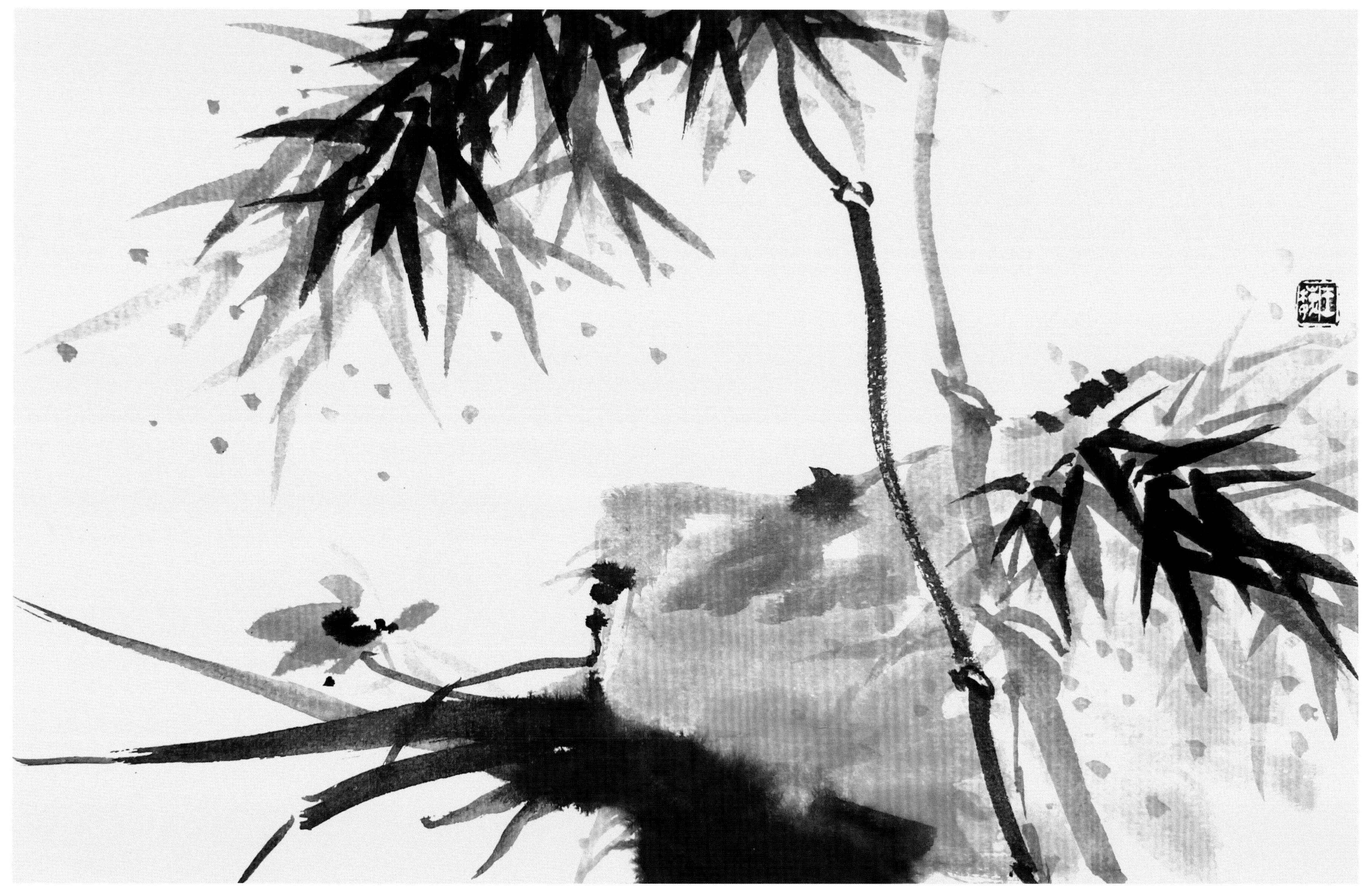

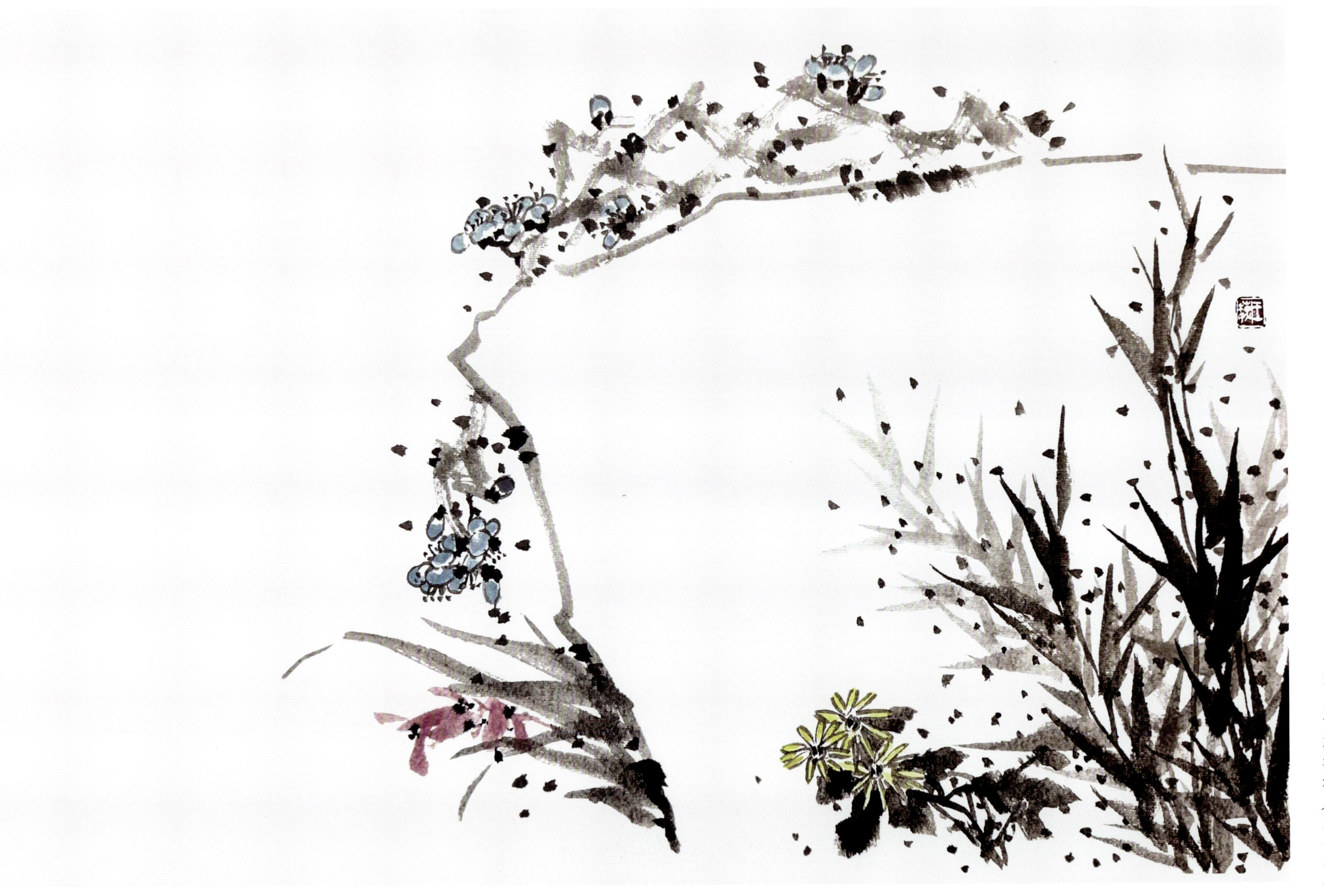

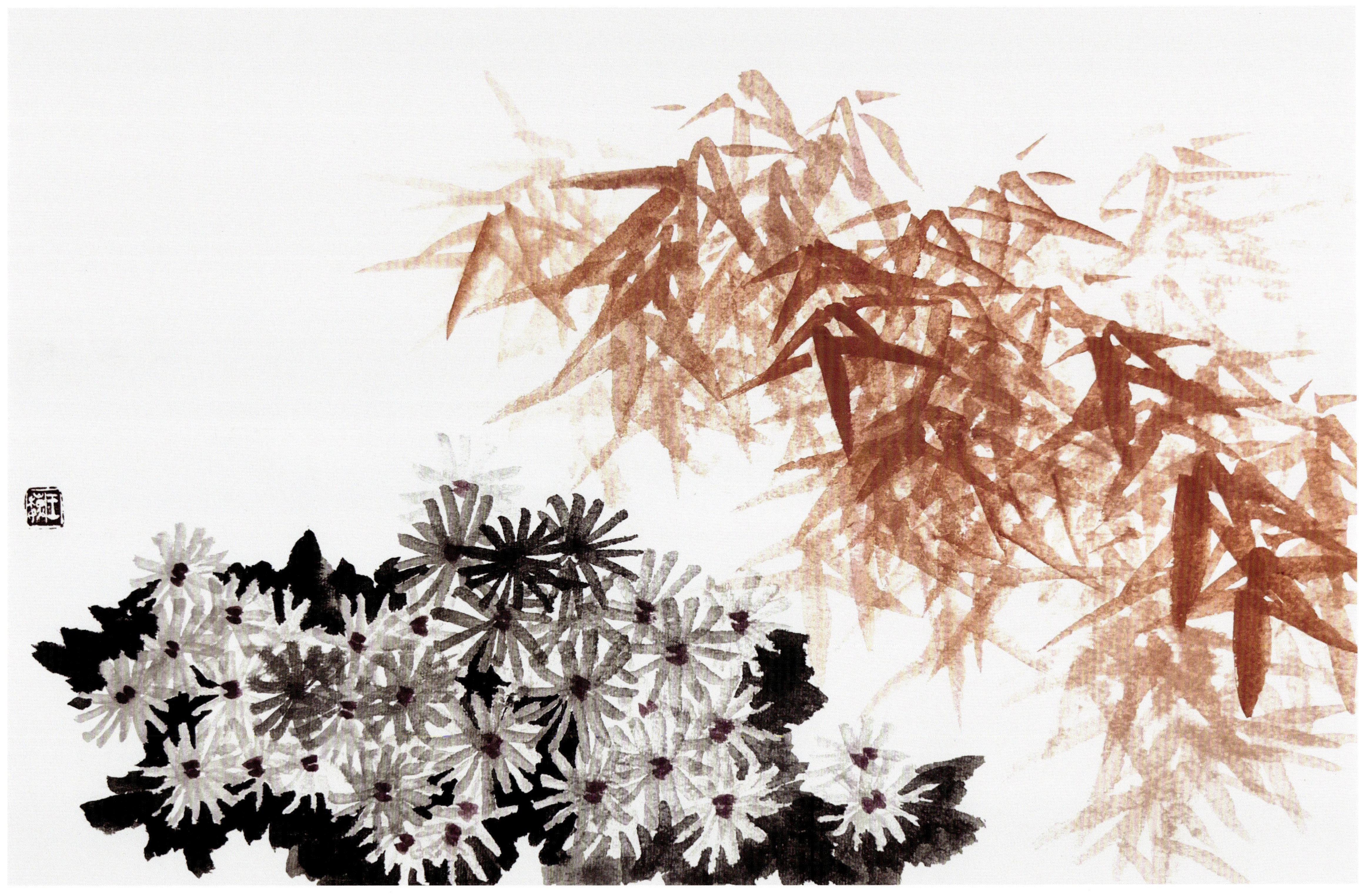

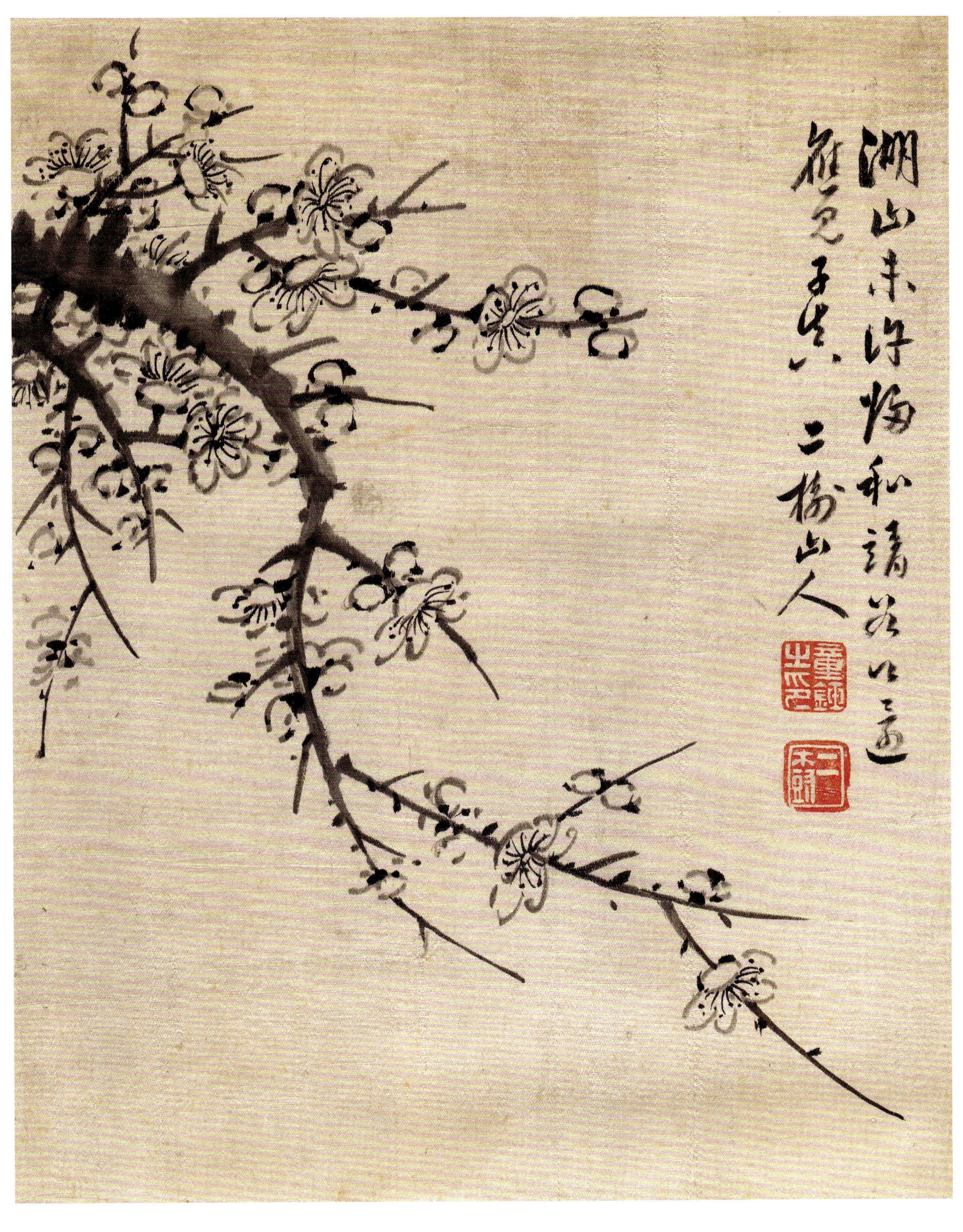

◈ 清·童钰·墨梅图

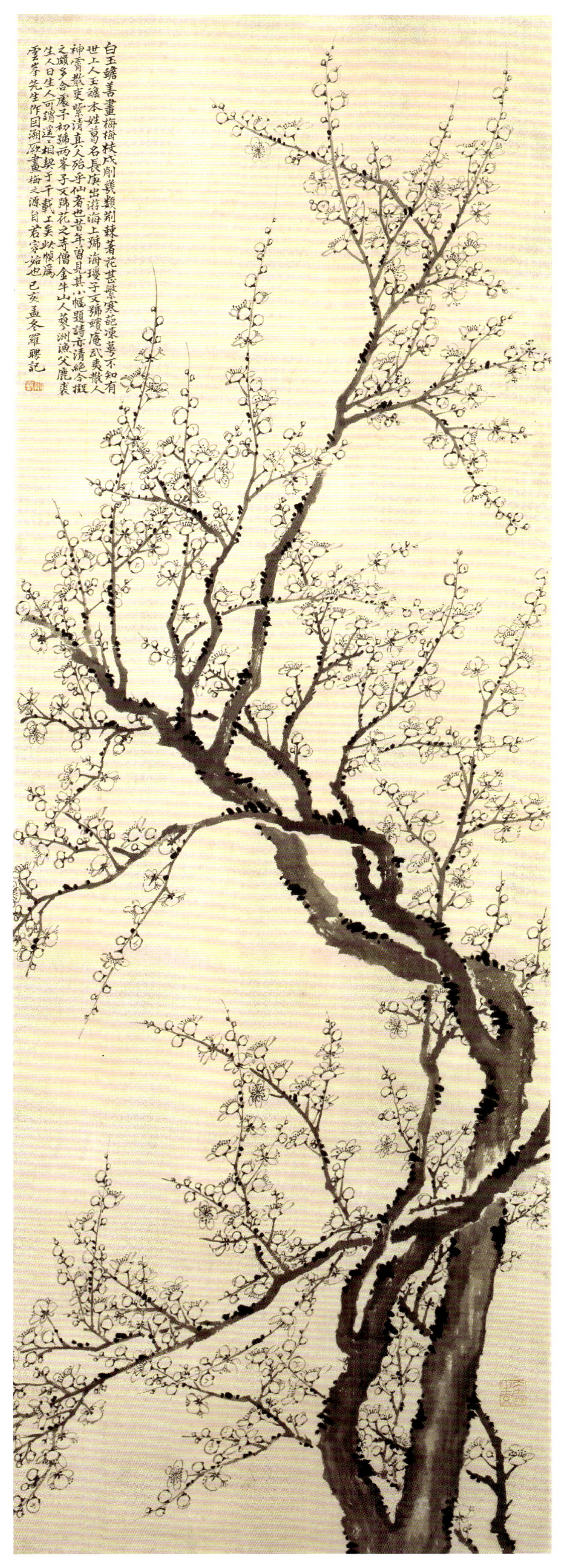

◆ 清·罗聘·墨梅图

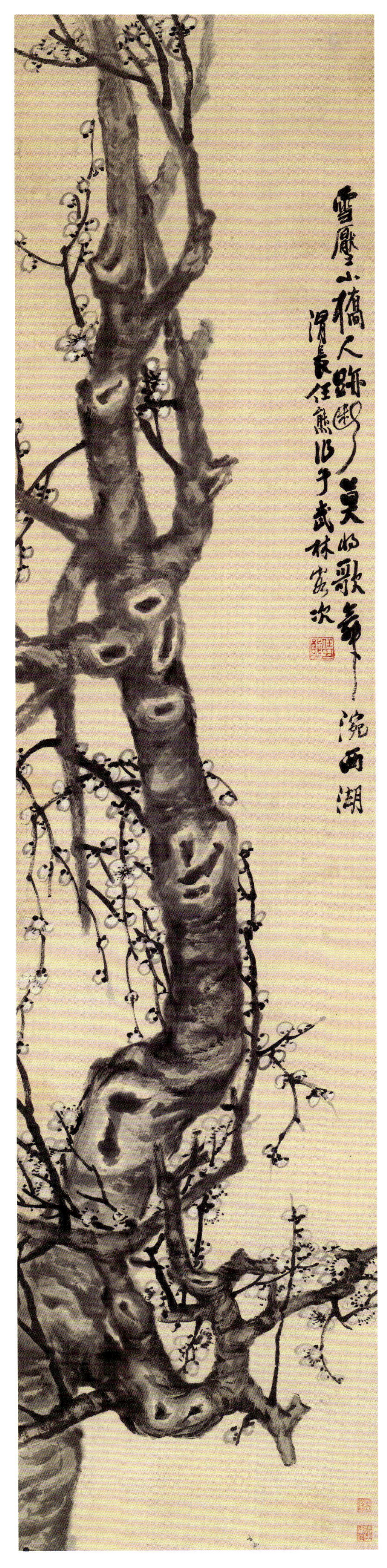

◈ 清·任熊·梅花轴

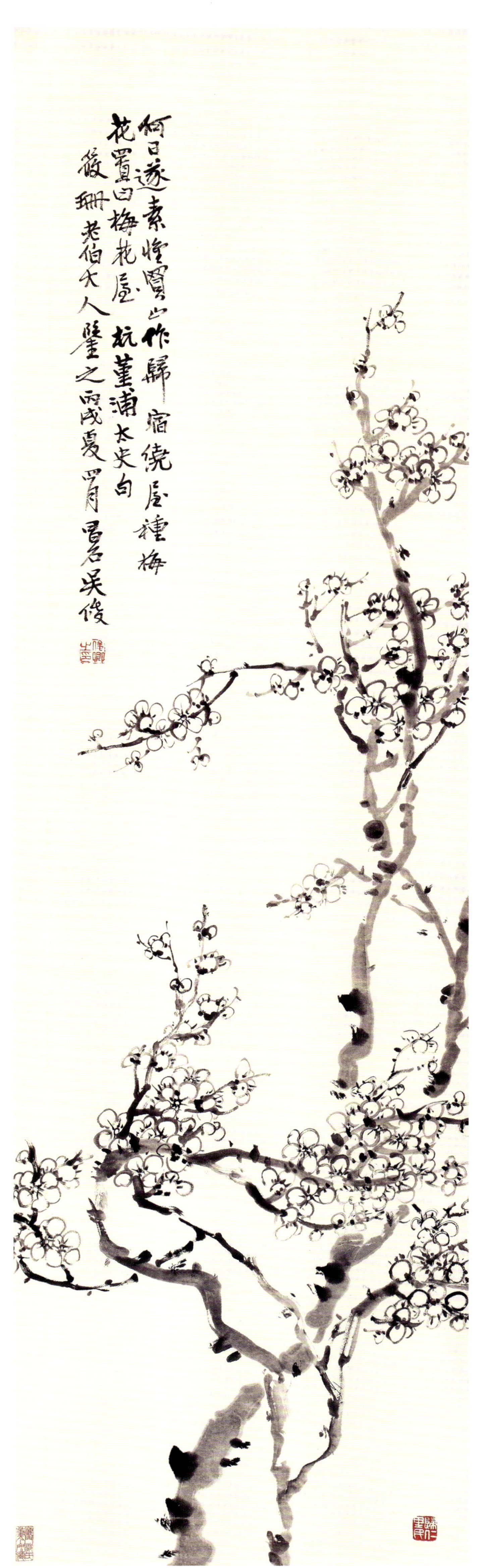

◆ 清·吴昌硕·墨梅图

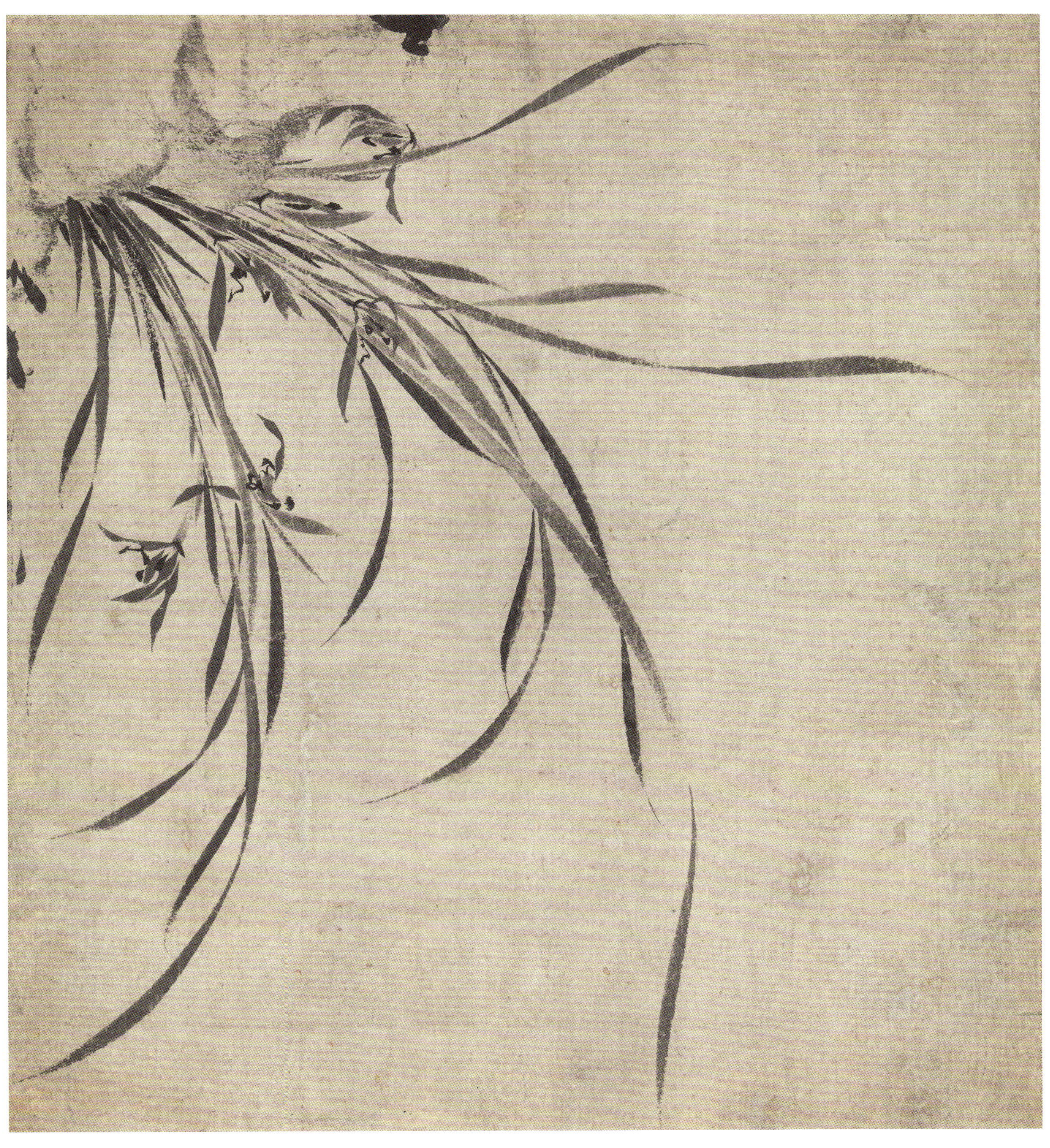

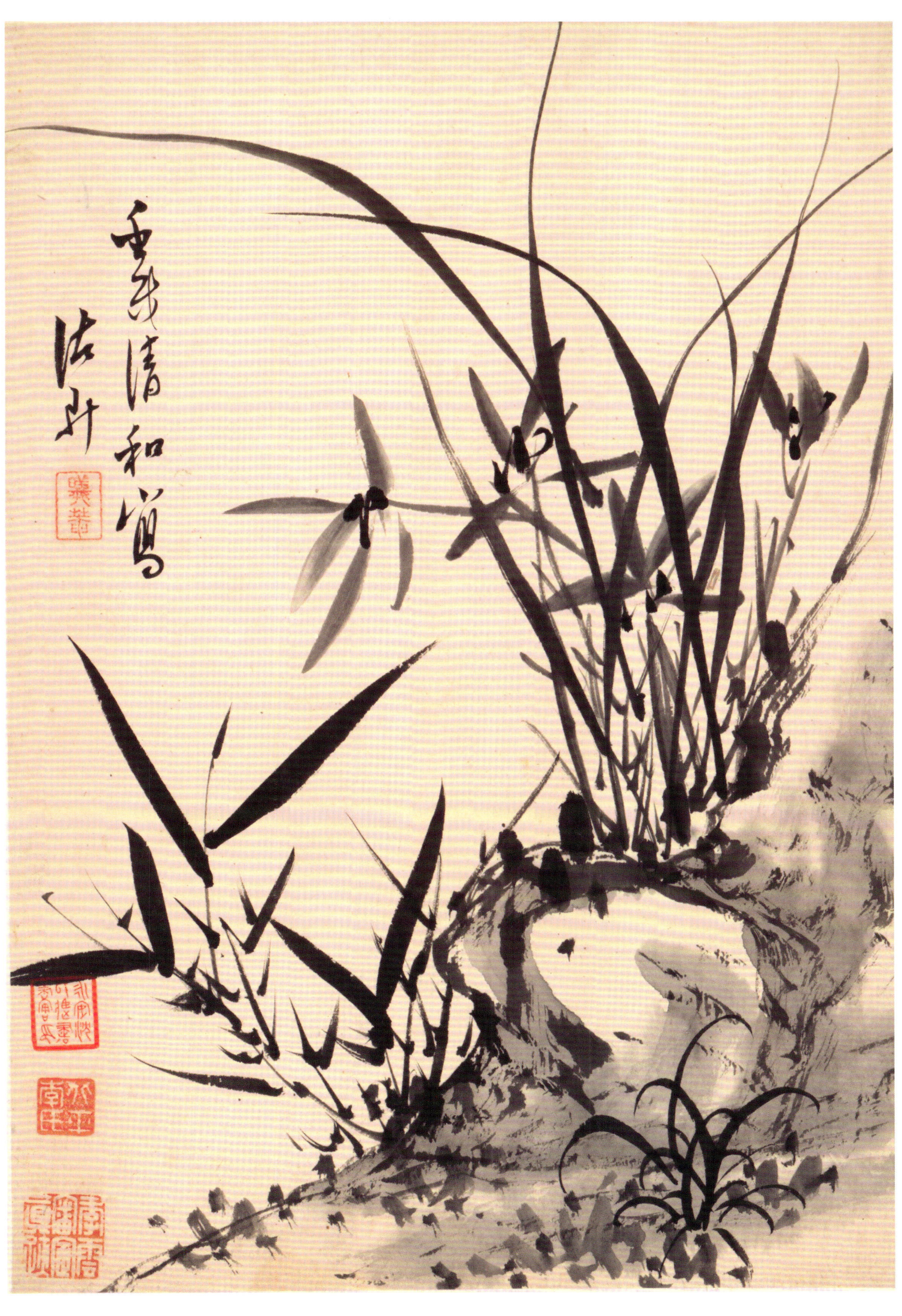

清·诸昇·兰竹石图

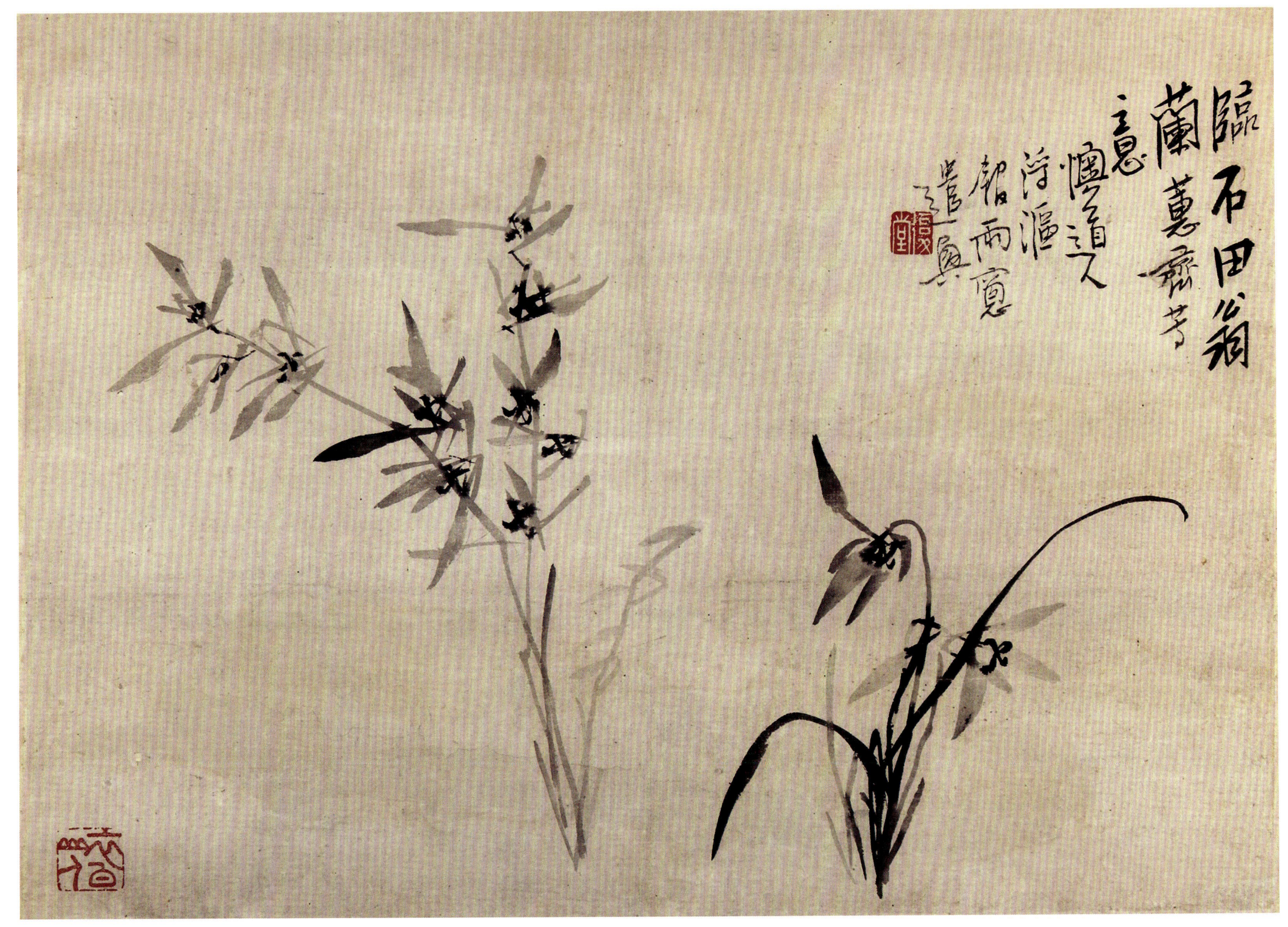

清·李鱓·兰竹图

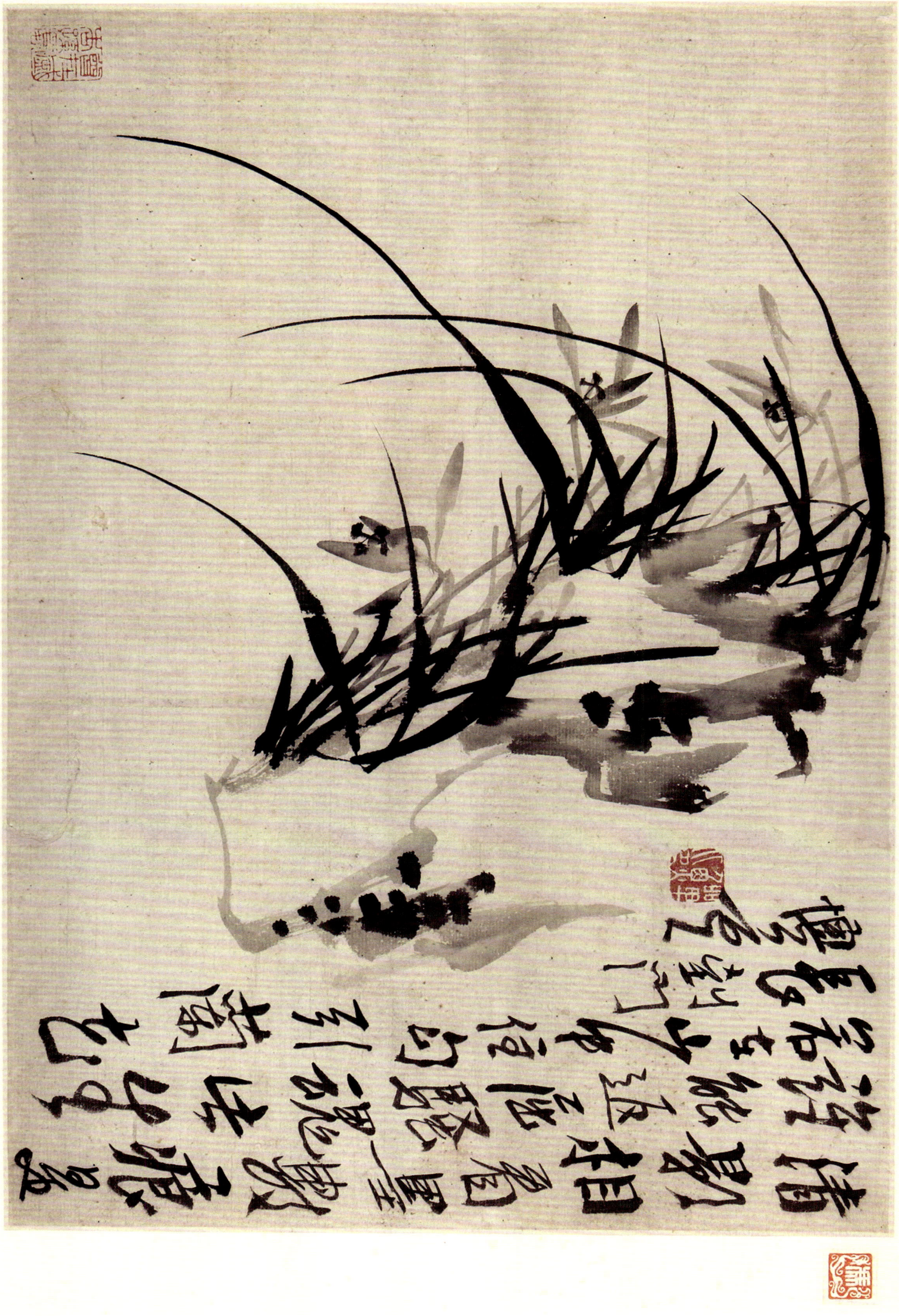

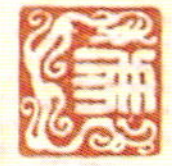

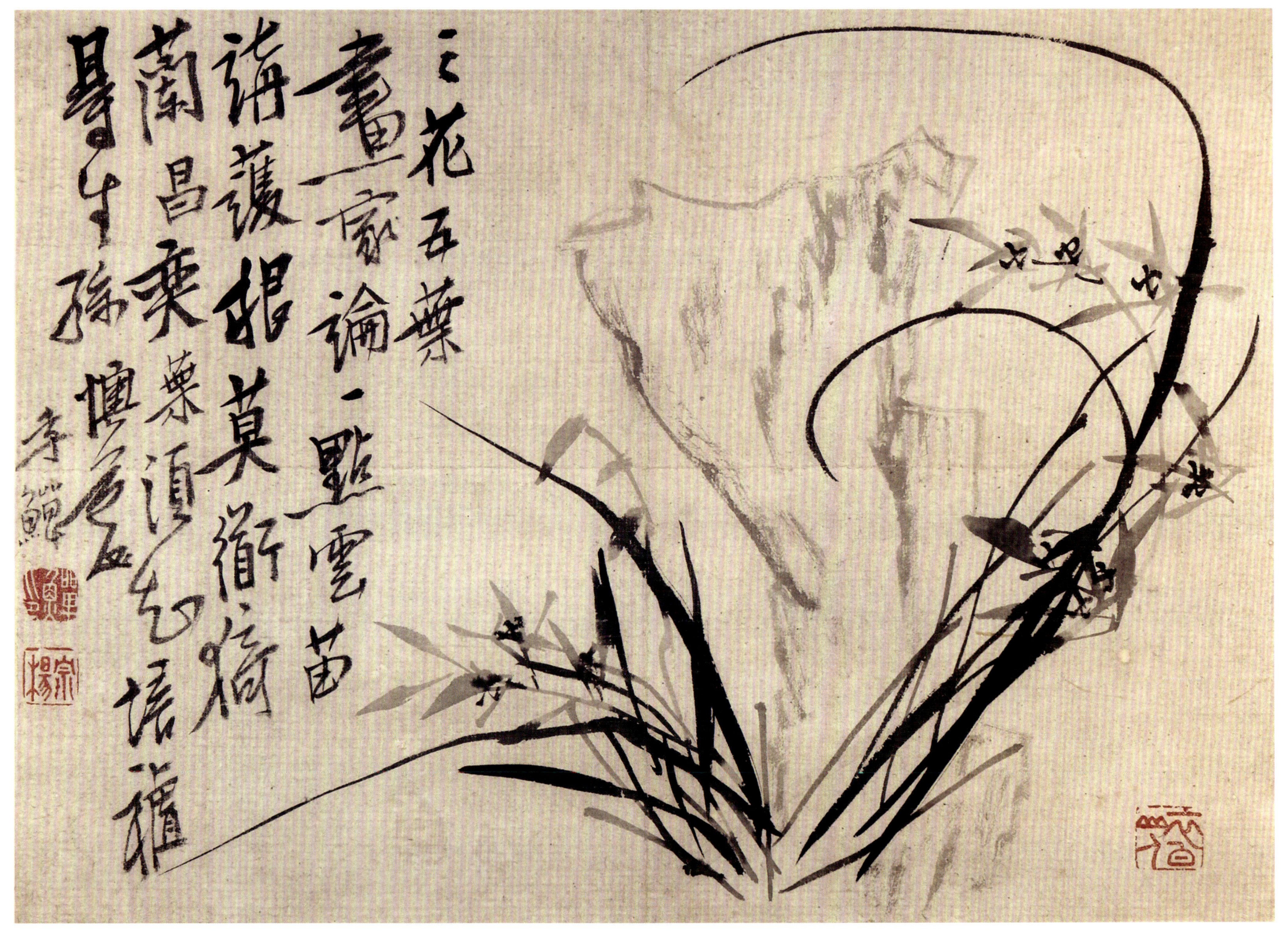

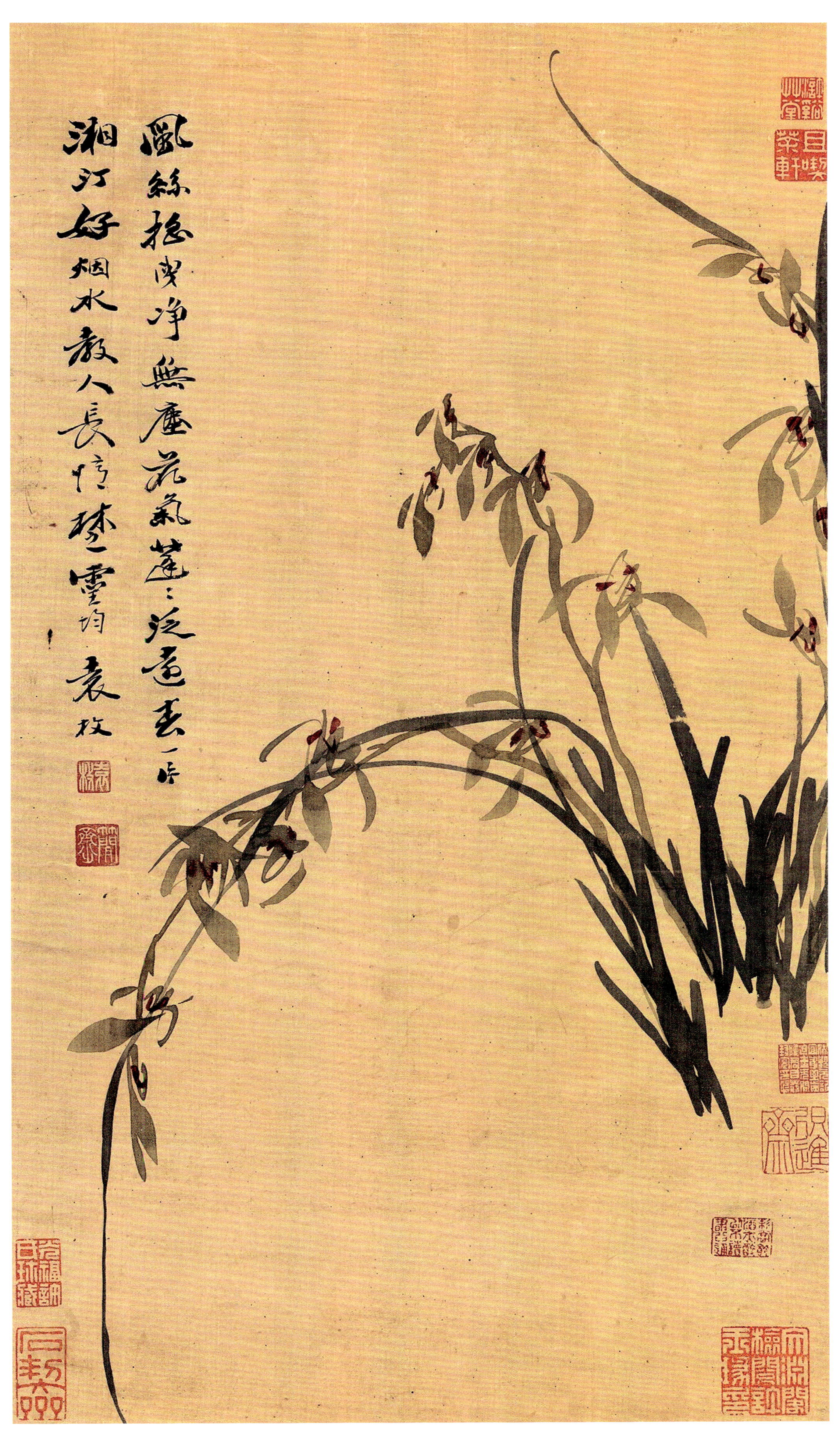

◆ 清·袁枚·湘汀春兰图

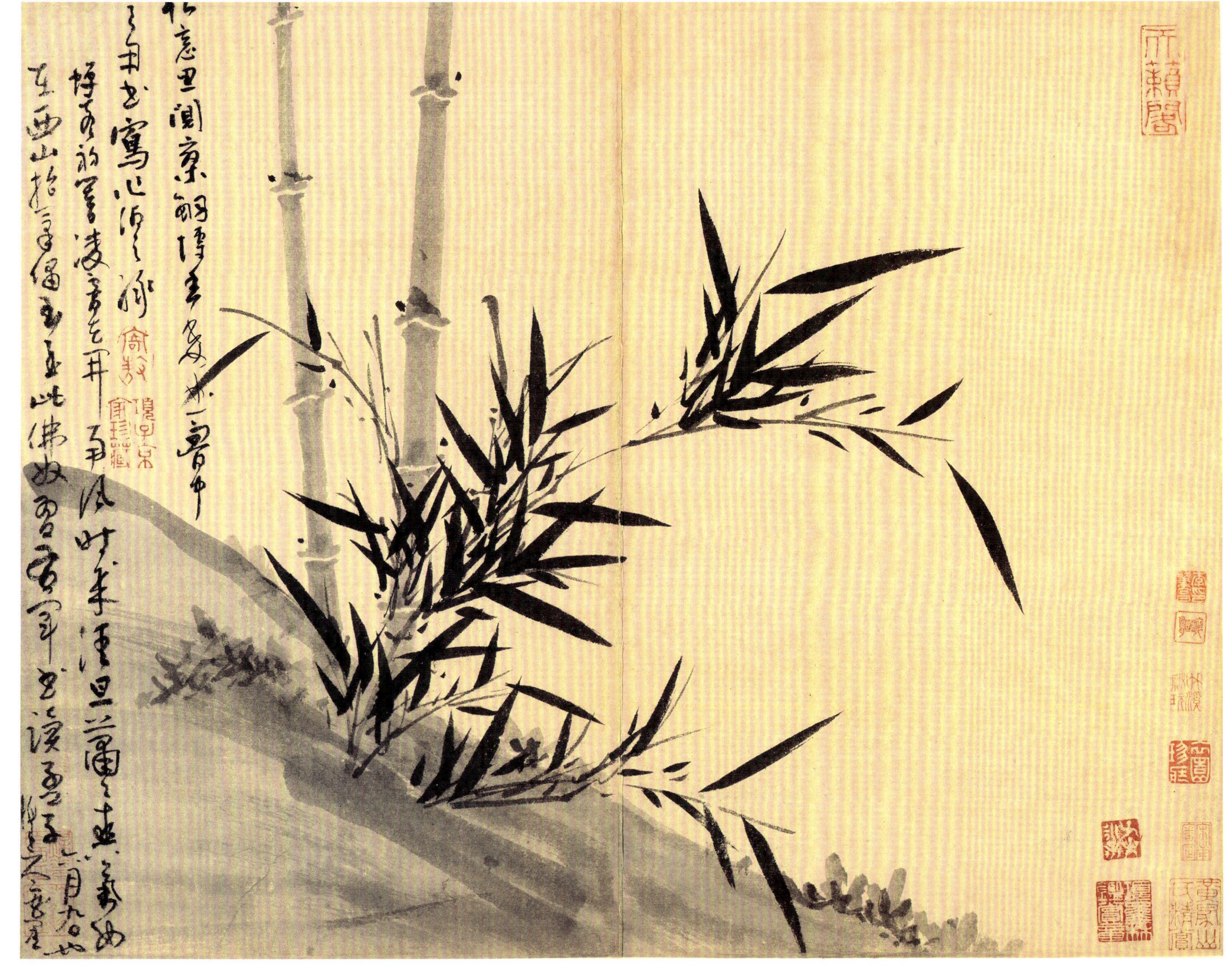

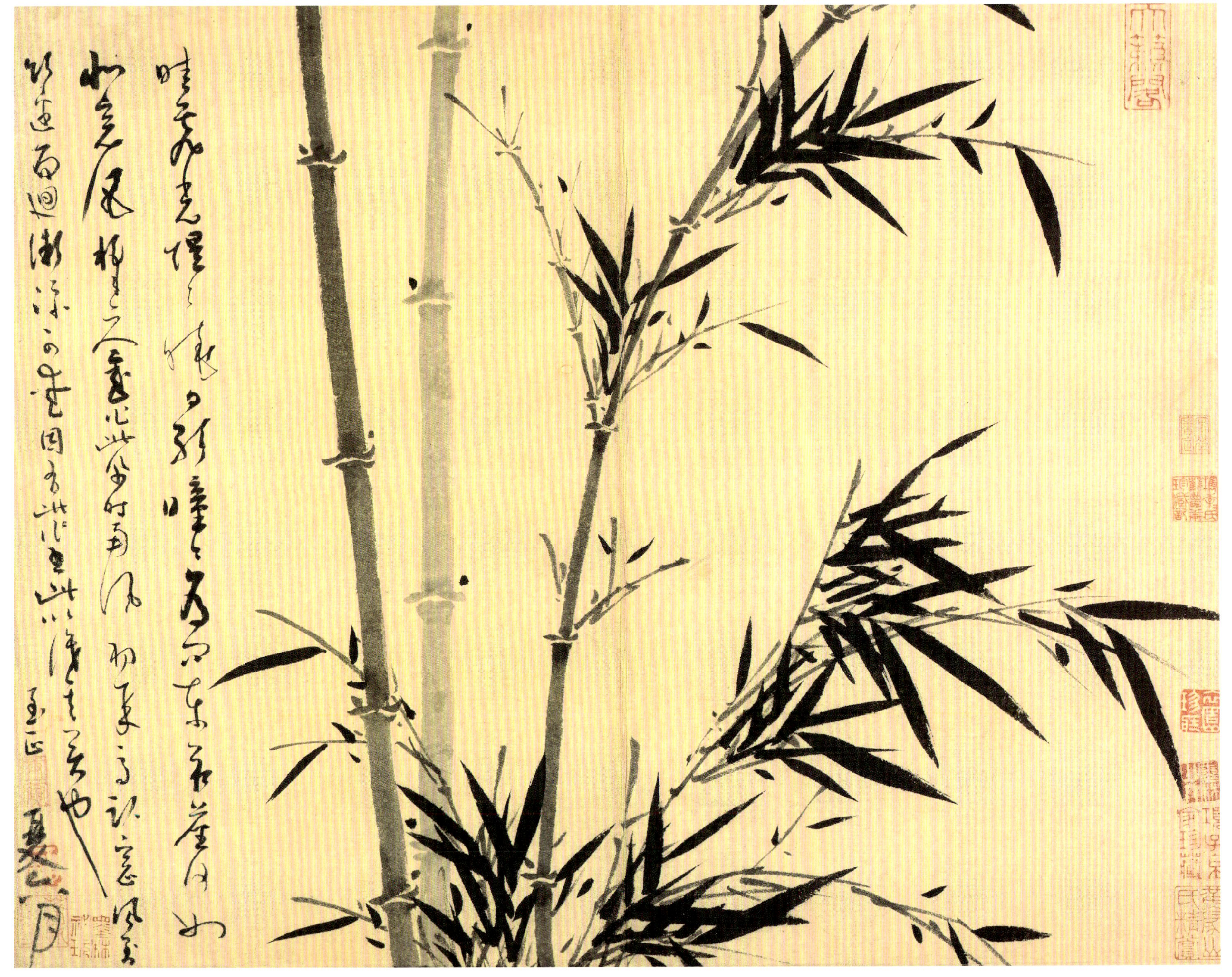

元·吴镇·墨竹图二

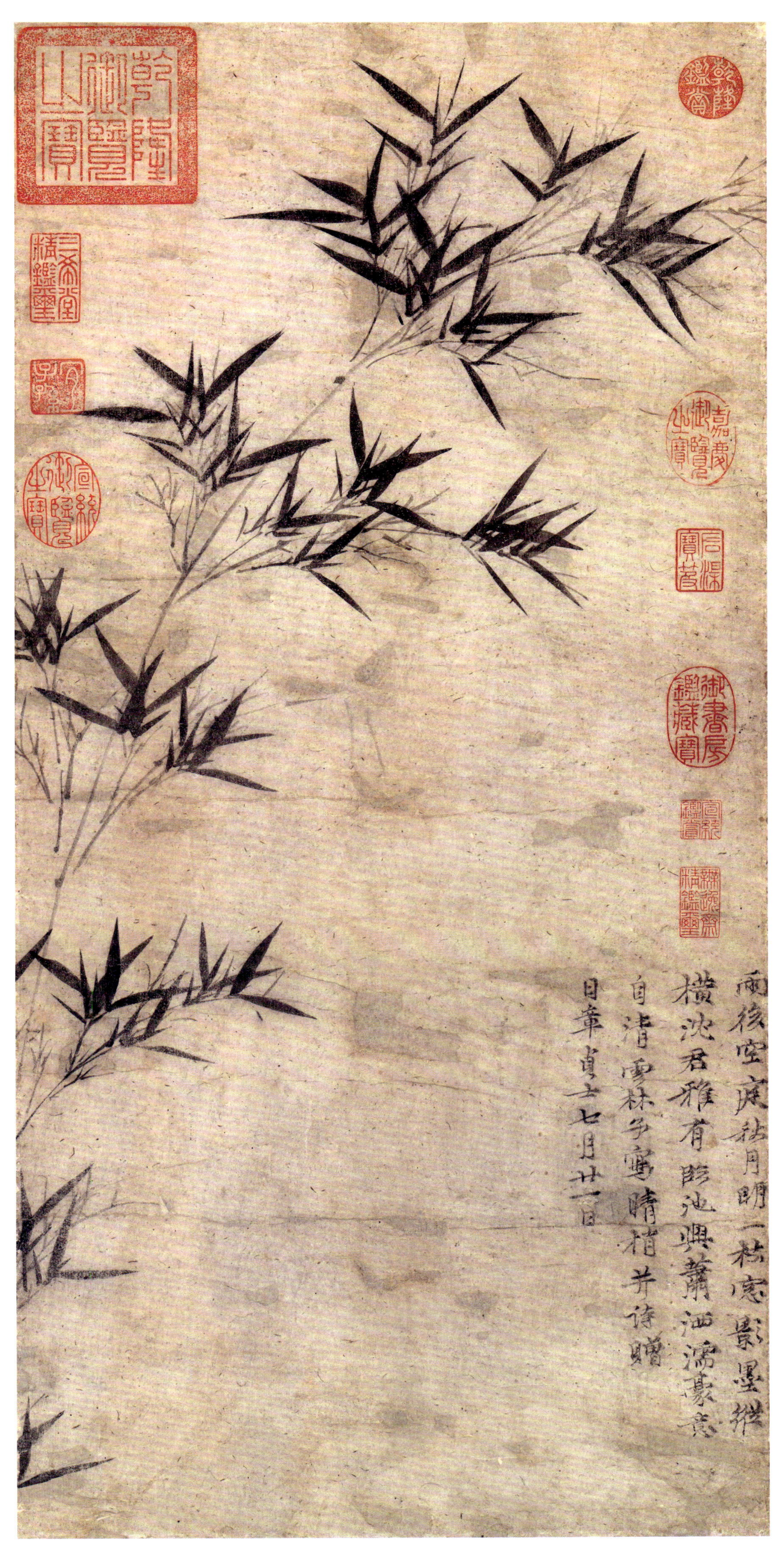

元·倪瓒·竹图

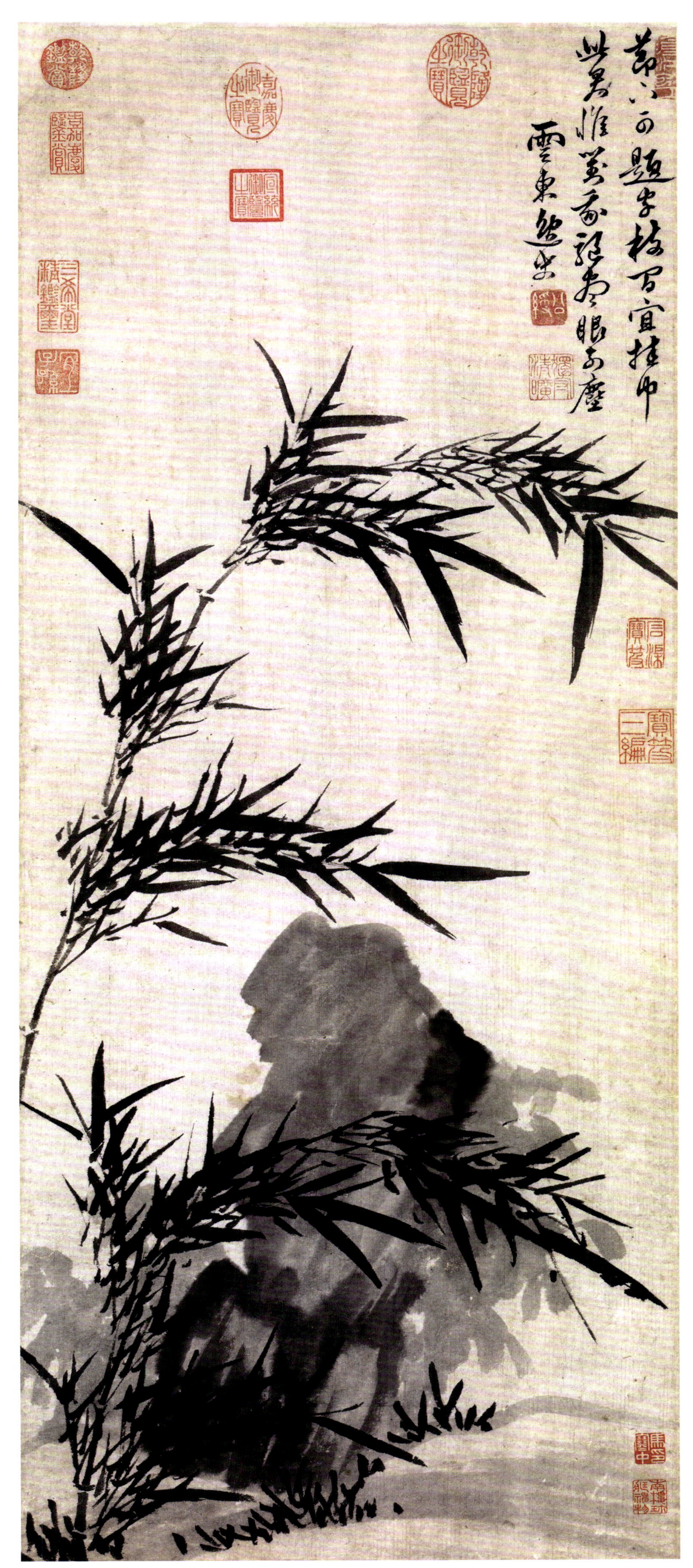

◆ 明·姚绶·竹图

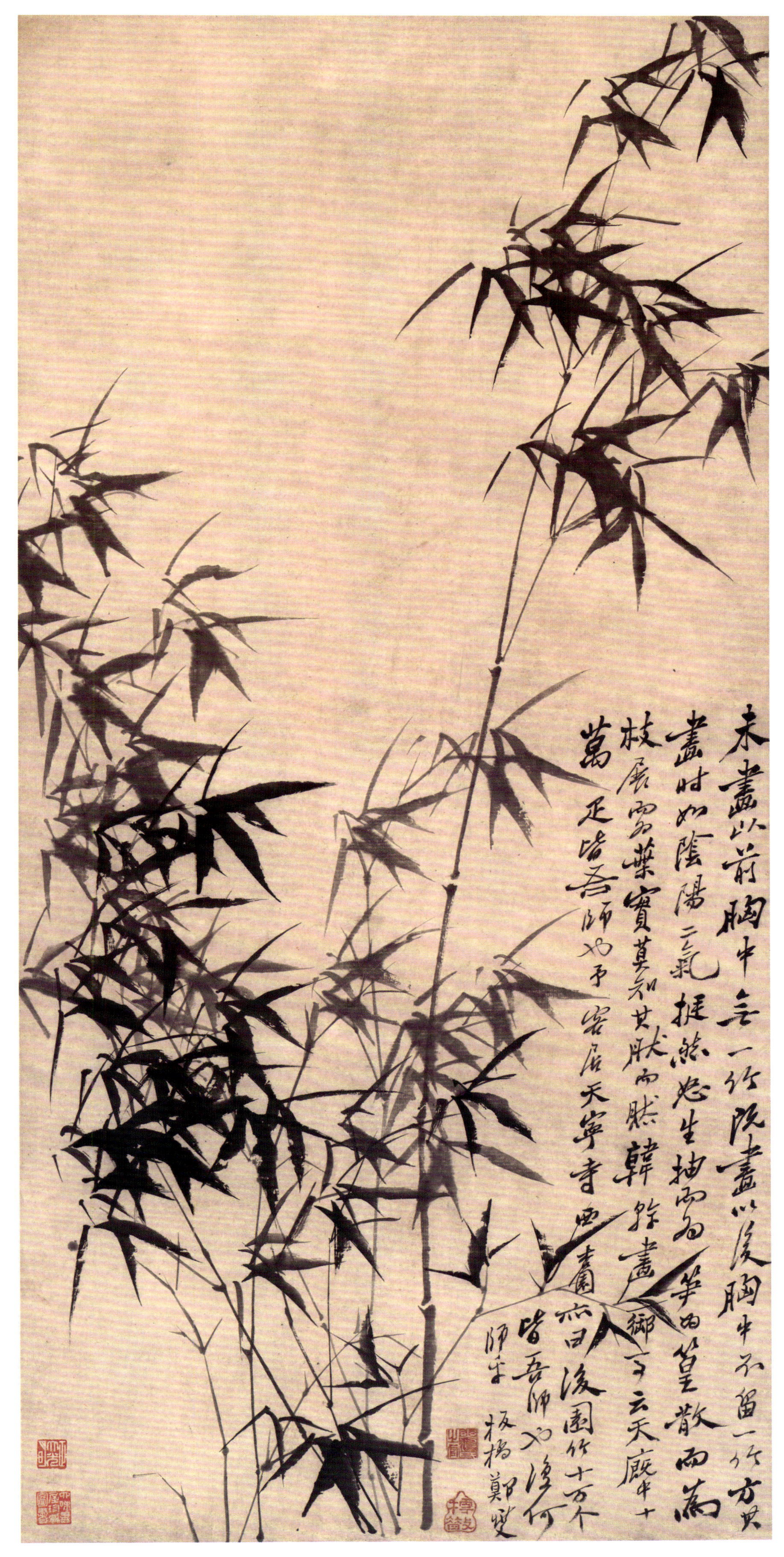

未畫以前胸中無一竹
既畫以後胸中不留一竹
方其畫時如陰陽二氣挺然怒生
抽而為笋散而萬箇
枝葉扶疏實某知其所以然而然
韓幹畫馬御廄十二閑
天廄十萬匹皆吾師也
今予畫竹亦然
總之師法自然而已
後園竹十萬箇
吾師乎吾師乎
師乎板橋鄭燮

◆ 清·郑板桥·墨竹图一

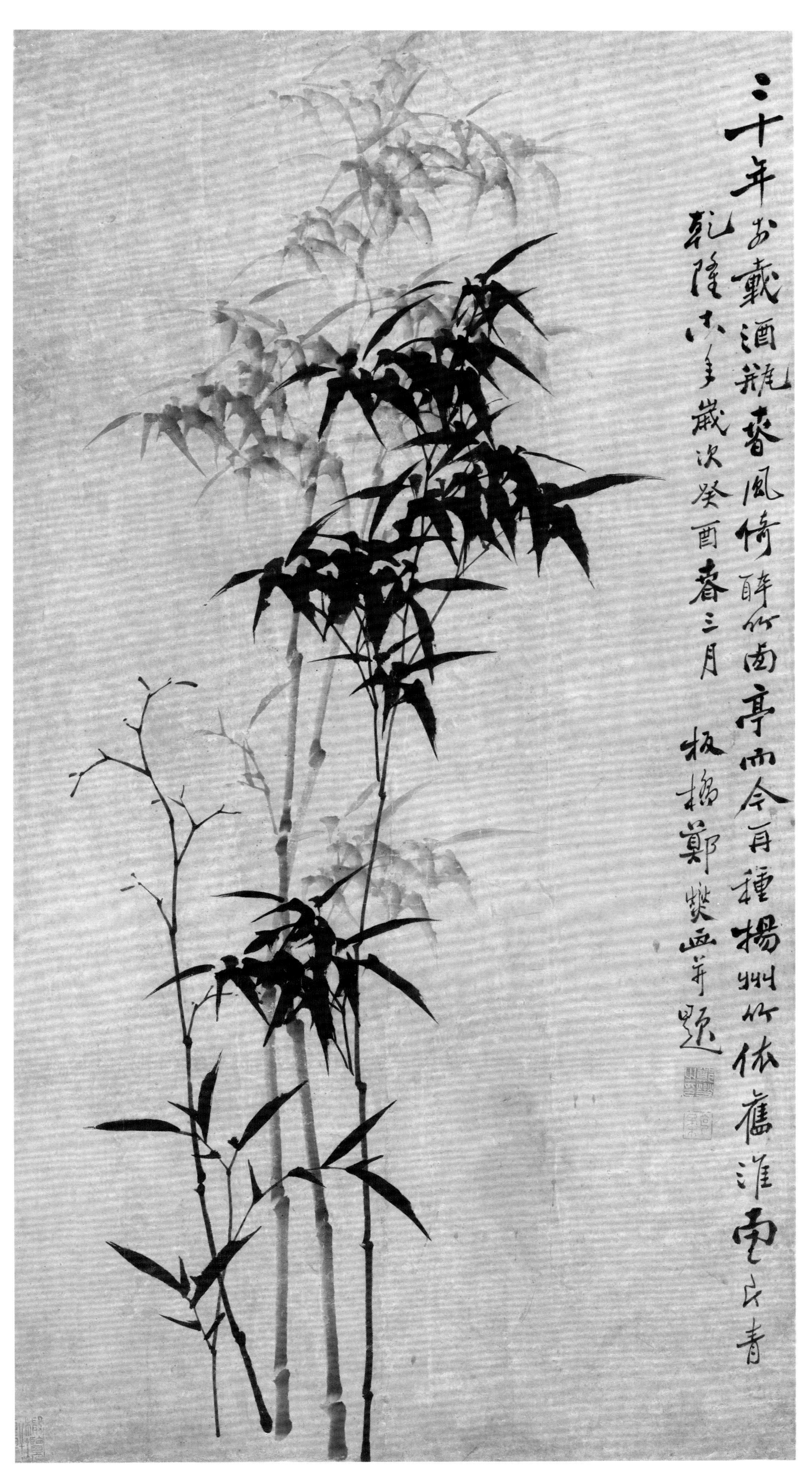

清·郑板桥·墨竹图二

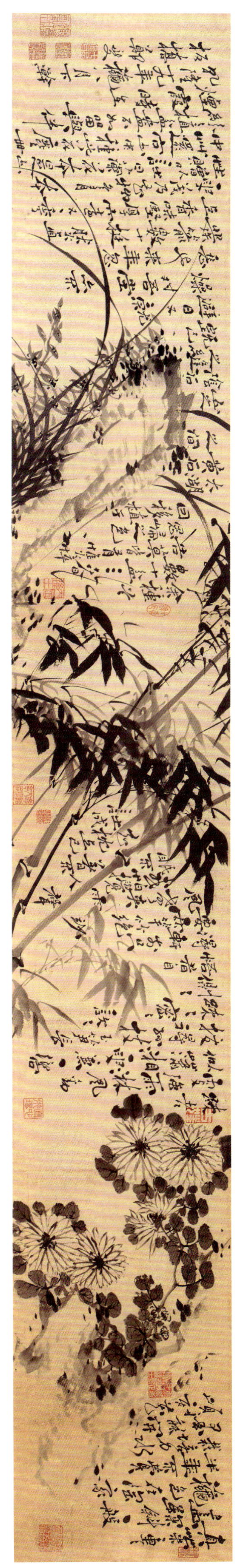

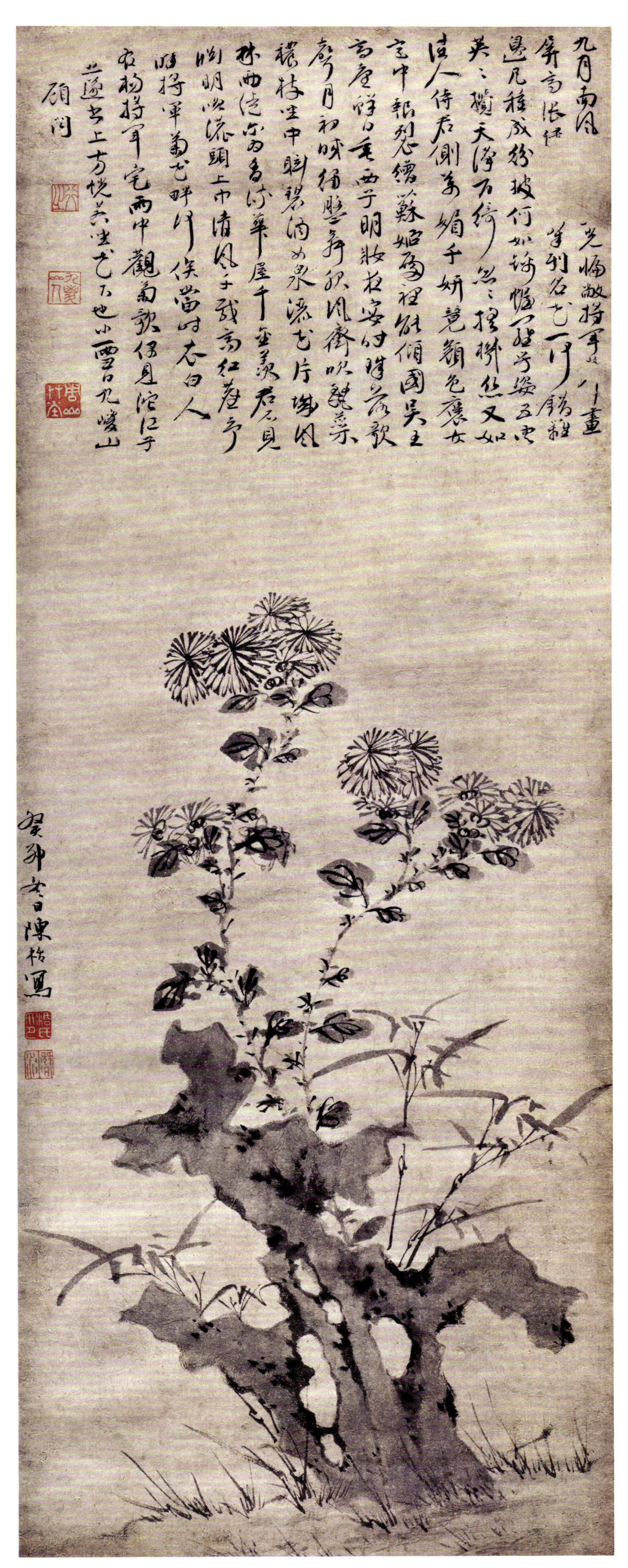

◈ 明·陈栝·菊石图

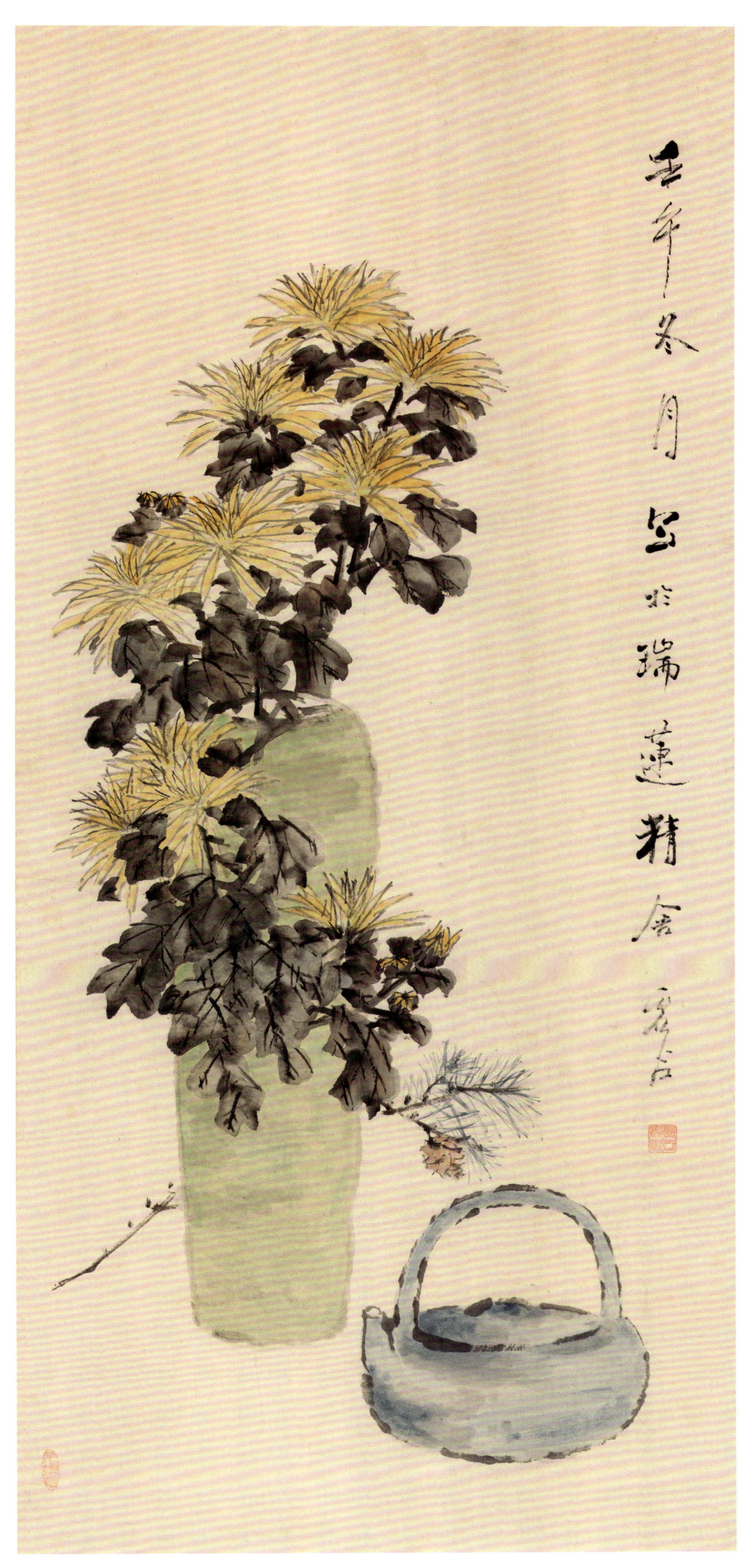

◈ 清·虚谷·瓶菊图

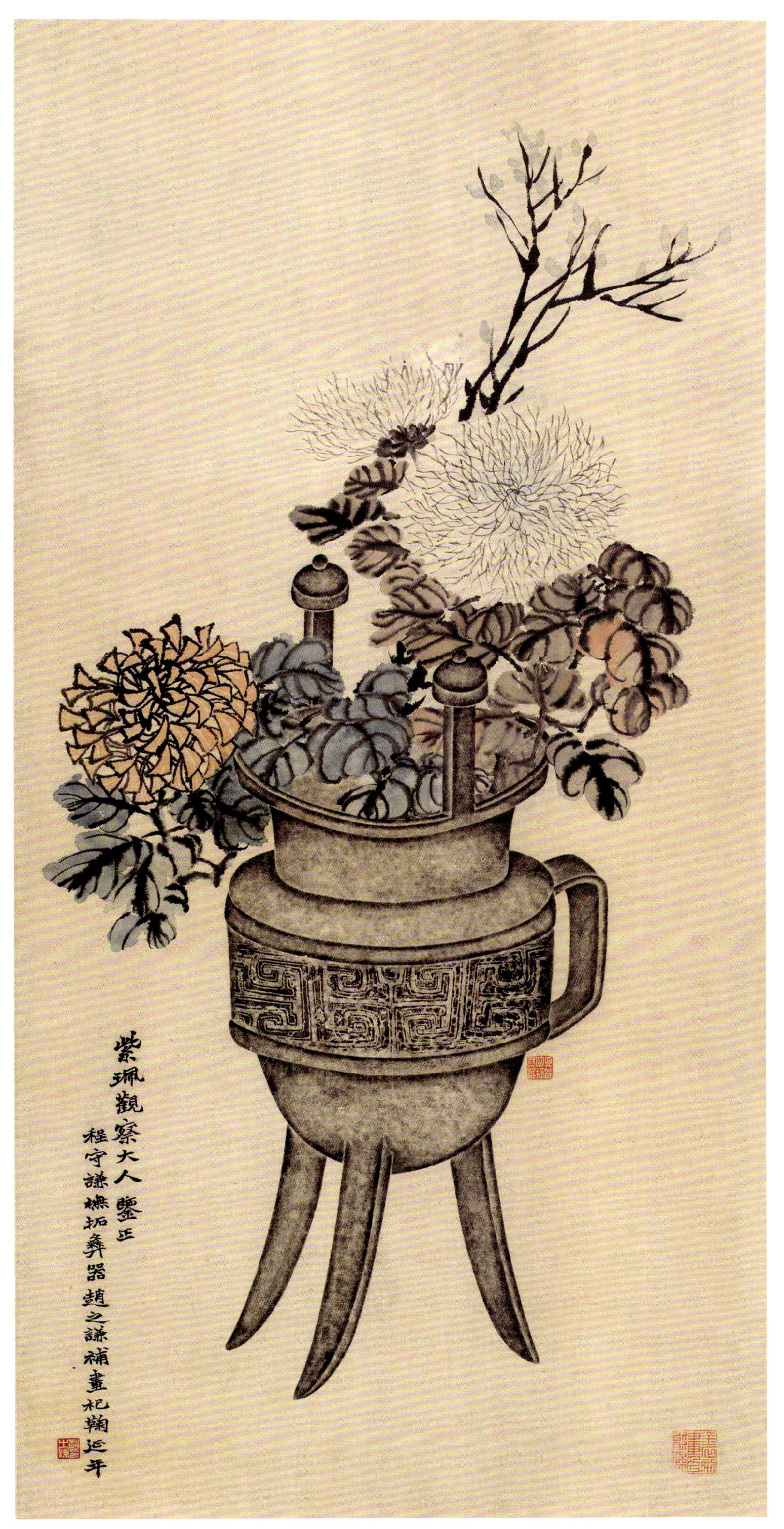

清·赵之谦·菊花博古图

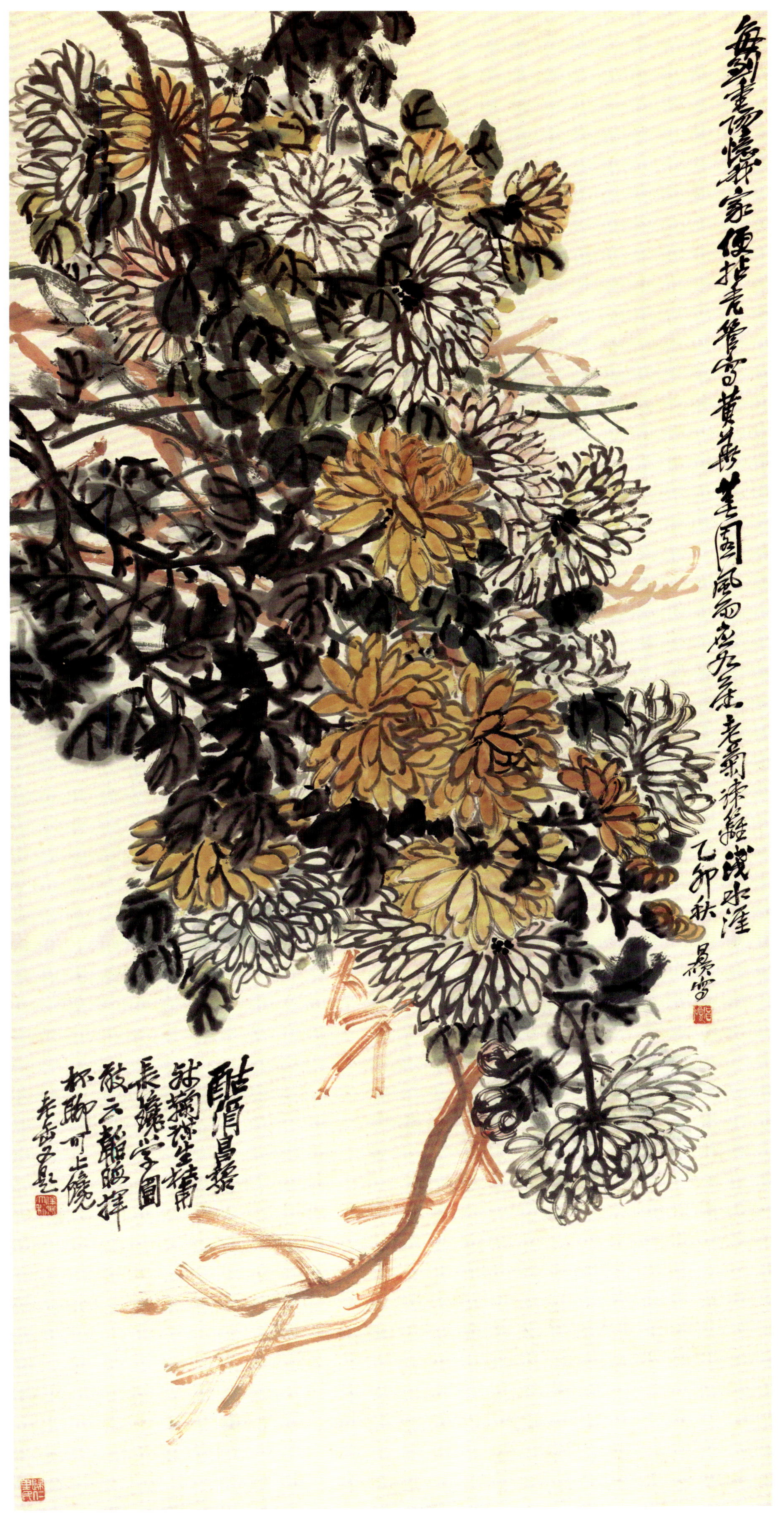

◈ 清·吴昌硕·老菊疏篱图

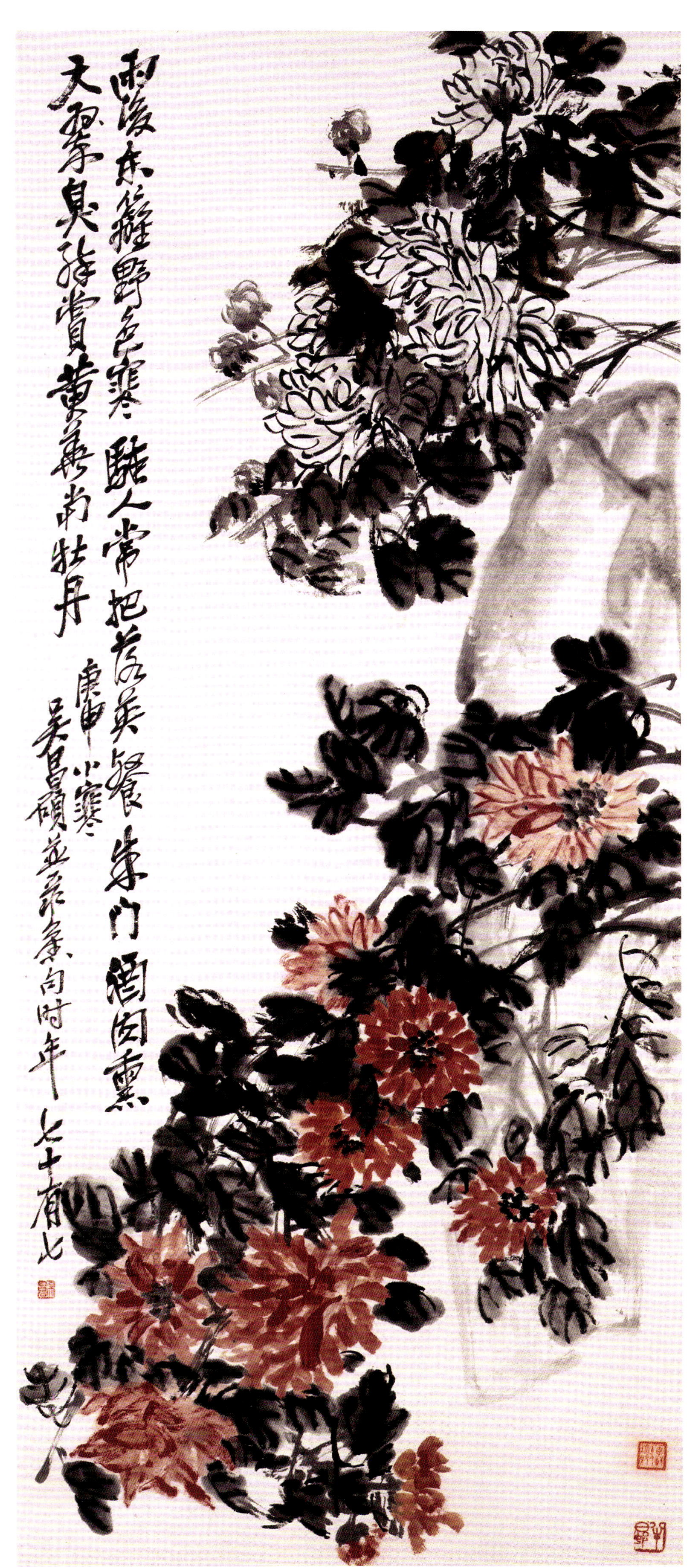

雨後東籬野色寒
騷人常把落英餐
朱門閉闔黃昏
天霽纍纍誰賞黃金裝尚牡丹
康節小景
吳昌碩並錄宋人句時年七十有七

◆ 清·吳昌碩·設色菊花图